别再说我恋爱脑

孙能能 著

亲密关系、
金钱与自我

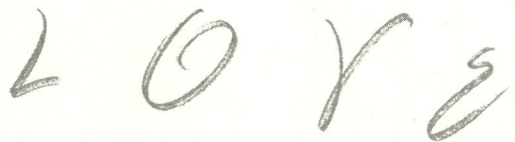

九州出版社

图书在版编目（CIP）数据

别再说我恋爱脑：亲密关系、金钱与自我 / 孙能能著. -- 北京：九州出版社，2022.8
ISBN 978-7-5225-1060-6

Ⅰ. ①别… Ⅱ. ①孙… Ⅲ. ①恋爱—通俗读物 Ⅳ. ①C913.1-49

中国版本图书馆CIP数据核字(2022)第123293号

别再说我恋爱脑：亲密关系、金钱与自我

作　　者	孙能能　著
责任编辑	周红斌
出版发行	九州出版社
地　　址	北京市西城区阜外大街甲35号（100037）
发行电话	（010）68992190/3/5/6
网　　址	www.jiuzhoupress.com
印　　刷	河北鹏润印刷有限公司
开　　本	880毫米×1230毫米　32开
印　　张	6.25
字　　数	100千字
版　　次	2022年8月第1版
印　　次	2022年8月第1次印刷
书　　号	ISBN 978-7-5225-1060-6
定　　价	52.00元

★版权所有　侵权必究★

目 录

序 …… 1

第一章
让人成长的不是时间，而是经历

如何成为内心强大的人 …… 002

女孩子最大的底气是什么？…… 008

成年人的潜规则 …… 019

第二章
姑娘，从今天起，请保持独立的思考

什么时候可以开始一段关系？…… 024

大学不谈恋爱会后悔吗？ …… 031

到了年龄该不该结婚？ …… 035

第 三 章
我们都是带着使命来到这个世界的，找到它

一无所长能找到工作吗？ …… 050

如何处理工作和自己的感情？ …… 058

我们究竟在为谁买单？ …… 062

第 四 章
你可以不是谁的谁

不结婚就是不孝吗？ …… 074

全职妈妈 VS 独立女性 …… 079

第 五 章

我们奋不顾身奔赴的，可能是一个编织精美的陷阱

怎么分辨"花心男"？ …… 086

无缝衔接 …… 097

遭到冷暴力该怎么办？ …… 101

为什么被人反复伤害？ …… 108

一次失败的感情对人的影响 …… 112

第 六 章

纵使爱有时差，也会有对的人坚定地走向你

如何判断一个人喜欢你？ …… 124

怎么追一个人最高效？ …… 129

喜欢和爱的区别 …… 133

怎么做才能保持长久的关系？ …… 137

感情中男人的真相 …… 155

第七章

爱而不得是人生的常态

有对象时遇到更好的人该怎么办？ …… 170

男朋友不上进该怎么办？ …… 184

感情是如何变味的？ …… 187

序

到今年为止,已经是我从事情感咨询工作的第四年了,作为一名咨询师,我接待过很多不同的来访者,他们当下或多或少都受困于一段不怎么舒适的关系之中,而在和他们沟通的过程中,我渐渐发现,在对待和处理感情问题的时候,女性和男性的想法有时会存在比较大的差异。

我做抖音的初衷就是想从男性的角度出发,去解答一些女性在感情和生活中会遇到的不解和困惑。我们每个人都会有迷茫的时候,尤其对于很多年纪还比较小的朋友来说,在无数个未知中做出坚定的选择是一件很难的事情,我想做的就是结合自己的经验和对这个世界的观察,为这些朋友提供一种可能的答案。

在这几年中，因为工作的关系我接触到了越来越多的来访者，我从很多来访者的身上都能察觉到明显的焦虑。不知道从什么时候开始，我们不再允许出现失败，也不想接受感情上的挫折。从根本上来讲，很多人似乎不太愿意接受"不完美"的存在，这使得我们在看待这个世界的时候会不由自主地加上一层梦幻的滤镜，而在滤镜被真实戳破之后，失望和痛苦就会随之产生。其实成长本身就是从接受自己的不完美开始的，我希望每个朋友都能更好地和自己相处，从容自信地面对自己的不足和不完美，因为我始终觉得真实比完美更加动人。

我们不必按照一个既有的框架活成别人期待的样子：什么时候恋爱，什么时候结婚，找一份怎样的工作，如何平衡家庭和事业……这些看似都是我们在某一个人生阶段要闯过的关卡，但其实隐藏在它们之下的自我成长才是我们最为核心的主要任务。我相信每个人都会给这个世界带来完全不同的有趣答卷，而我想做的，也只不过是守护和支持那些偶尔被困住的朋友。

如果你因为复杂的人际关系而心力交瘁，那么我会希望你慢下来，按照自己的步调梳理身边的关系网络；如果你因为一个糟糕的伴侣开始自我怀疑，那么我会劝你重新审视，那个让你痛不欲生的人还是不是一如当初值得你全力奔赴。尽管在人生的道路上，经历磕磕绊绊是在所难免的，个中滋味也绝不是我这个旁观者能够体会到的，但我真的希望能为这些把我当成知心大哥的朋友做些什么，至少不要被那些深谙恋爱套路的情场老手当成一个可以随意对待的"小白"，也不要轻易被这段感情的旁观者贴上一个"恋爱脑"的标签。

很多我想告诉你们的，事实上都是在感情关系中大部分男性不会坦率地宣之于口的东西，如果你在这些方面有疑问，或许可以在这本书中找到一些答案。这个世界没有我们想象的那么美好，美丽的蘑菇里可能潜藏着最致命的毒素，但这个世界也没有我们想象的那么糟糕，只要我们还能保留一往无前的勇气。真的非常感谢愿意听我说这些话的朋友们，愿你们选择的每一条道路，都能通往自己的心之所向。

斯人若彩虹，遇上方知有。请你相信，你总会遇到那么一个人，让你体会到一切的等待都是值得的。如果可以，让自己成为那道彩虹，经历风雨，却依然明艳美丽、动人心魄。

谨以此书感谢十楼的桥边姑娘。

第一章

让人成长的不是时间,而是经历

如何成为内心强大的人

不知道你是否经历过这样的时刻：明明是不想参加的聚会，可不去的话又担心别人觉得自己不合群，到最后还是勉强赴约，宁可在热闹的人群中附和、傻笑，也不肯当最先起身离开的那个人。

也许你还经历过这样的状况：你已经明显地感到自己想要融入某个圈子是很困难的事，但还是会逼自己曲意逢迎，有时甚至卑微到只要没有及时收到对方的回复，就忍不住反思是不是因为自己不小心说错了话而得罪了对方。

而当你遇到了一个很喜欢的人时，情况就变得更加糟糕了，只一眼，你就能在脑中和他共同上演一部情节跌宕、结局完满的浪漫电影。可等到真正和他相对而坐的时候却因为小心翼翼而变得词不达意，在正常的交流都变得困难时，进一步的交往就显得难上加难了。

我们总希望自己能在朋友圈中受人欢迎，在职场上游刃有余，希望自己完美控场，希望自己被人喜爱……可即便身处盛大的宴会之中，很多时候我们既不是声名在外却藏在背后操控一切的盖茨比，也不是明艳动人被热切期待有朝一日成为派对座上宾的黛西，我们只不过是那群不明所以凑热闹取乐子的无名访客，甚至不会有人在意我们是不是真的来过：在别人的剧本里，我们其实根本没有自己想象的那么重要，没有人关心你是真心还是敷衍，也没有人会对你的"委曲求全"心存感激。

我们能做的就是在别人搭好的舞台上落落大方地展现出自己本来的样子，这样即便曲终人散，我们至少也不会感到尴尬遗憾。越长大就越会明白：有些人终其一生都在追求的尽善尽美反而是很多痛苦的根源，而刻意忽略这些痛苦，就相当于强行剥离了我们一部分不可缺少的感受，这无疑会让我们失去了生而为人最重要的真实性。在这个世界上，最在乎我们感受的只能是我们自己，如果我们太过在乎别人的看法，时刻紧绷着理智的神经，完全不敢按照自己的意愿做事，又怎么能痛快真实地体验一回这只属于我们的、独一无二的人生呢？

不可否认，为了维持人际间脆弱的体面，有时我们不得不说一些违心的话，不动声色地隐藏好自己的负面情绪，用自己最大的善意照顾好别人的感受，以期能得到同样温柔的对待。

然而在很多情况下，这种对真实自我的压抑可能根本换不来别人的认可：因为如果我们遇到的是随性又迟钝的人，他们会很难察觉到我们对他们情绪上的照顾；而如果我们遇到的是精明世故的人，我们的刻意示好则可能遭到对方的轻视，继而被他们随意对待。所以牺牲自己的感受去成全别人的自尊与骄傲，本来就是不值得的。

为什么非要给别人展现我们自认为最好的一面呢？为什么不能表现出任性和倦怠呢？我们到底在害怕什么呢？没必要参加的饭局就拒绝，融不进的圈子就不用费力讨好，遇到喜欢的人就积极展开行动，不要一直在患得患失的纠结中错过机会。我们似乎总是陷在错位的人际排序中不知所措，究其根本原因，还是我们把不那么重要的人放到重要的位置上，把重要的人放在了高不可及的位置上，而衍生出这一切复杂关系的真正核心却被我们挤到了边角的位置——我们从小就或多或少被教育过要做个听话讨喜的孩子，而在终于长成大人以后，却还是得做个谨慎周到、谁都不敢得罪的人。

问题就在于如果我们在各种大大小小的规训中渐渐黯淡,那周围的一切也自然会失去光彩,我们的"苦心经营"就显得更加不值一提。因此,善待别人的前提首先是善待自己,只有坦然做真实的自己,才能将所有别扭错位的关系恢复到一种自然舒服的状态。想抛下所有顾虑做自己其实是需要一颗强大的内心的。

那么,什么是内心强大?其实很简单,就是不怕被人讨厌。

讨人喜欢并没有那么重要,被人讨厌其实也不是什么世界末日。我们本来就没有办法让所有的人都喜欢自己,更何况"怎么都行,我都可以"的样子看上去真的毫无魅力。而被人讨厌也未必就得自我怀疑,因为有时出问题的根本就不是我们自己,只是我们不巧遇到了一个天生就合不来的人而已。

其实,任何健康的关系都不是靠我们单方面的情感付出来维系的,我们能不能交到朋友也不取决于我们有着什么样的性格,真正起决定性作用的是我们自身的价值和实力。很多时候我们自身的价值和实力不能轻易被别人定义,因为只有我们自己才能在成长的过程中,逐渐真正明白自身的能力所在。

很多人一直以来都处在一种不自知的状态中，尤其是在年纪尚轻的时候，我们还无法真正了解自己内在的力量，就习惯性地把目光投向了外界，希望从别人的口中认识自己，有时甚至会为了得到一句肯定而去做自己不愿意做的事，为了一些虚无缥缈的东西把自己套进一个无形的枷锁中。长此以往，逐渐沦为一个没什么存在感的"滥好人"，把真实的自我搞得支离破碎。

在和这个世界相处的过程中，很多时候别人怎么对待我们，都是我们教给对方的。善良温柔当然是很好的品质，但《东郭先生和狼》的故事也告诉我们，不加区别的善良就是把刀柄直接递到了坏人的手上。因此，保护好自己是最基本，也是最重要的，所有的善良都必须带有锋芒，而所有的温柔都必须充满坚定。支撑我们释放善意的应该是我们温暖而强大的灵魂，那些暗藏私心、目的不纯的人所做的不负责任的评判，不该成为我们被绑架的理由。

我们去看更大的世界，去见更多的人，不再是为了了解别人眼中的自己，而是为了努力寻找自己在这个世界上的坐标，既不高估自己，也不把自己看低，让自己处在一个舒服自洽的位置上。

如果我们能认识到所有的人都不可能完美，就能坦然接纳自己也是可以有缺点的，从而减少不必要的内耗和自我攻击；如果我们能明白世界上有很多未知的、美好的事情等着我们去实践、去探索，就不用为了短暂的得失而辗转难眠，也不必为了眼前一个好像永远也捂不热的人费尽心力。

如果一个人能清楚地知道自己来时的路，也能一腔孤勇地奔向自己选择的远方，真实而热烈地活着，那他一定会拥有强大的内心。即便经历狂风暴雨，体验高山低谷，磕了碰了摔了疼了，也终将无所畏惧，忠于自己的直觉，活出人生本就该有的样子。

女孩子最大的底气是什么？

我曾经遇到过这样一个女孩，我认识她还是在上大学的时候。当时我们都是刚刚从自己的城市来到同一个陌生的城市，被分到了同一个班级，起初我们并没有什么交集，她个子中等，长着一张大众脸，刚开学的那段时间她经常缺课，所以自然地，很长一段时间里我对她都没什么印象。

后来有一次我上课忘记带课本，那时旁边正好坐着她，她很自然地把自己的课本向我这边挪了挪，于是我们有一搭没一搭地聊了几句，但我们的交集也仅止于此。

第二个学期她没再逃课，我们碰面的次数也明显变多了，我渐渐觉得她其实是一个特别好相处的人，因为她跟人说话的时候从来没有那些不必要的客套，总给我一种我们已经认识了很多年的感觉。她身上有一种既沉稳又明媚的气质，好像没有任何事情能难倒她,以至于很多时候她都能在课堂上充满自信地说出一个错误的答案,引起同学们夹杂着不解或嘲笑的窃窃私语。随着这种情况次数的增加,她变成了班上很多同学眼里的"奇葩",大家每每私下谈起她的时候,都会配上一个颇有深意的笑容。

即便大家都知道当时我算是和她关系不错的人,可在很多有我在场的情况下,他们也会毫不避讳地随意调侃她。有时这些同学甚至会在她发言的当下默默交换眼神,然后了然地撇撇嘴。他们不明白为什么这个看起来毫不起眼的女生却那么自信。

我不知道她当时有没有感受到那种微妙的气氛,但在我看来,同学们那些不怎么光彩的小动作并没有对她造成任何影响。她似乎不太在意有没有人跟她一起吃饭,也不太介意是不是有人在背后议论她,她从来不觉得独来独往是什么令人无法忍受的事。也许她天生就不追求"合群"这种事情,当然也不会为了得到别人的赞许做出一丝一毫多余的"努力"。这让当时年纪尚轻的我意识到,她一定是出现在我人生中为数不多的特别的人。

一个传统伤痛文学的"霸凌"范本被她的强大自我硬生生地改变了最终的走向:只要你觉得没被伤害,那就没有人伤害得了你。

而我也是不久之后才知道,她之所以对那些戏谑嘲讽视而不见,是因为当时的她正在经历着巨大的痛苦。

她后来跟我讲,其实她比我们大一岁,她之所以来到了这个班级是因为复读了一年,而她复读的原因是为了和先她一步来到这个城市的男朋友相聚。没想到考试前夕,她的男朋友告诉她,他喜欢上了一个刚认识不久的女生。

她给我描述了她当时听到男朋友爱上别人的反应:"我第一次知道原来人们说心痛是心真的会疼,生理上的那种疼,当时我坐在浴室里,整个左半边的身体都是麻的,过了好一阵子,才慢慢地缓了过来。"

她在那之后的很长一段时间里都是浑浑噩噩的,尽管知道他们曾经朝夕相处的美好诺言都因为对方的不忠化为泡影,但她还是鬼使神差地来到了男友的城市。她也曾经在无数个伤心的日子里在这个城市里漫无目的地游荡,甚至期待着在某个街角刚好碰到那个曾经深深爱过的男人,而这,其实也就是她在大一的第一个学期总是旷课的原因。

她说后来男友还是断断续续地找她聊天,但她知道那个人已经不爱她了,所以她的态度总是淡淡的,没有向男友表现过任何崩溃或歇斯底里,因为有了那次濒死的经历,她发誓再也不能让任何一个男人伤害到自己的身体健康。

她很喜欢做饭,在那个我们都不怎么会做饭的年纪烧得一手好菜。她说自己喜欢做菜,也很努力不断学习新的菜品,她希望有一个自己的小家,给自己喜欢的人做菜,把一家老小都喂得饱饱的。她觉得这就是她理想中的生活。在听她描述这样的场景时,我是真的能看到她眼里流露出的幸福和温柔。她在半年后渐渐走了出来,也开始试着去接触更多的人,后来如她所愿,她真的找到了那个总是夸她做饭好吃的男人,现在已经有了两个夸她做饭好吃的可爱的宝宝。

她当年对我说,尽管被那个男人甩了,但她其实并不恨他,因为他曾经真的对她很好很好,后来他也没有选择欺骗,而是在爱上别人的时候清楚明确地告诉她,向她道歉。即便当时经历了巨大的打击和伤痛,但她并没有变得自怨自艾,而是始终相信自己是值得被爱的。

她总是乐观地认为自己不会被任何困难绊倒,就像她总觉得自己知道正确答案;可如果被绊倒了也没什么,大不了爬起来从头来过，就像她说出错误答案的时候也不会感到尴尬，下次还是会大声说出自己的答案。

我后来见到过很多人，也听到过好多他们的故事，但这个女孩子仍然是我认为很特别的一个，因为我始终认为她其实活得很高级，她一早就知道自己是什么样的人，自己适合的生活是什么样的，相信自己一定会过上自己想要的生活，并为过上那样的生活而努力。至于无关紧要的事，无足轻重的人，她从来不会放在心上。

当时班上的很多人都很疑惑"她凭什么这么自信，甚至自大到有些讨人嫌"，其实恰恰说明了很多人的自卑，大多数人都想为"自信"找一个理由，比如她可以因为成绩好而自信，可以因为外形出色而自信，可以因为家世出身好而底气十足，却很难接受这种"没来由"的自信。

一直以来，很多女孩子似乎都觉得要不停地向别人证明自己某方面的优秀，才配得上别人的青睐和另眼相看，否则一个在各方面都平平无奇的人，必然是不配拥有爱情的。也正因如此，在很长的一段时间里，这些女孩子都不知不觉地活在了男性的审视之下：学着去化让男孩子喜欢的妆，努力让自己变得再开朗一点，或者再温柔乖巧一点，再瘦一点……

我知道这都是长久以来社会对男性和女性的区别对待造成的，作为一个男人，我从小被灌输的观念是我们生来就要踏上一条极为艰苦的道路，尽管这条路极其艰苦，却非常可靠。因为只有通过自己的努力，我们才能得到自己想要的东西，我们相信并依靠自己是无可厚非的，因此当我们大方展现自己的自信时并不会觉得有任何不妥。

而这个社会对女性的要求又是什么呢？成为一个好女儿、一个好妻子、一个好妈妈，这在有着千百年历史的父权社会里是没什么问题的，因为在过去，如果女性没有生存的技能、收入，就没有在这个世界上立足的资本，只能依靠父亲、丈夫、儿子去维持基本的生活。

但时至今日，越来越多的女性拥有了傍身的技能和财富，即便她们完全是靠自己在努力地生活，很多人却依然羞于展现自己。举个简单的例子，一个白手起家的成功女性和一个同样白手起家的男性相比，必然受到更多的揣测和更少的赞美。而除了外貌等先天条件以外，一个女性要获得和男性相同程度的赞美，她付出的辛苦或做出的牺牲在大多数情况下会比那个男性多得多。

我们先天拥有怎样的容貌、智商，出生在什么地方，拥有怎样的家世，这些都是我们无法自主决定的，它们会影响我们的价值吗？答案是肯定的。

现实生活中，好看的人容易得到更多的机会，收获更多人的好感；聪明的人会轻而易举地解答出我们无法解答的问题；家世好的人会有更好的环境和资源。

拥有这些优质的先决条件固然是值得庆幸的，而如果不具备这些条件，甚至在后天的比赛中也没有占据优势，那我们就不配拥有自信吗？

我有时会想，世俗意义上的成功和我们究竟能不能成为一个有力量、有底气的人是必然相关的吗？

我们似乎一出生就会把学习更多的知识、赚更多的钱、获得更大的话语权当成竭尽所能去追求的事情。当社会的发展让我们对事物评判的标准变得扁平，把"白富美""高富帅"这样的标签贴在了让人向往的"成功"之上时，一切就变得更加简单了，只要我们能努力让自己无限地贴合这些被人认可的标准，我们就可以变成人生赢家了。

不可否认，在我们追求商业和经济繁荣的今天，"成功"在一定程度上与有钱、有资源相关联。我们用自己的体力、智力和其他能换来财富的资本去兑现自己的价值，相信只要能出让自己更多的时间，我们就能离成功更进一步。于是越来越多的人被卷进了这套逻辑里，并被困在一个庸庸碌碌的怪圈里逐渐迷失，放弃了思考，模糊了自我，慢慢变成一个个只能被动接收，没有自我的精致皮囊。

一腔壮志未酬的家国情怀，一幅千古流传的经典画作，一段励精图治的太平盛世……古往今来，人们对成功的定义莫衷一是，但有些东西一早就注定超越了"成功"的存在：它们穿越了时空的阻隔，依然能带给人们无限震撼，那一个个曾经鲜活的生命的燃烧不仅仅是因为充满对现世成功的渴望，他们之所以被铭记，更是因为他们热爱着自己所相信的东西，并愿意为他们的信念奉献一生。相反，当我们的个人意志遭到扼杀，我们根本不在乎自己是谁，也不知道自己热爱的究竟是什么，不管我们在别人眼里多么成功，还是会感到虚弱和匮乏。所以，有时成功只是命运眷顾的额外馈赠，如果只把它当成毕生追求的幸福终点，那我们的人生必然就失去了它原本应有的厚度。

那么如何才能让自己变成一个真正有力量、有底气的人呢？

首先，我认为要富有想象力。

我们经常说要积极地思考，并不是要对过往的经历进行简单的回想和整合，然后再不断地重复和强化固有的意识，形成一套固定的思考方式。我们之所以要学习知识，读书，要去远方，都是为了点亮自己，不断地拓宽脑子里旧有的版图，构建出一个以外在世界为蓝本的独特的精神世界，在这个只属于你自己的精神世界中，存放的一定都是你真正感兴趣的东西。

相信你一定或多或少地听说过"吸引力法则"：当你的思想集中在某一个领域的时候，跟这个领域相关的人、事、物就会被它吸引过来。当一个人拥有丰富而强大的内心世界时，他一定是会发光的。如果仅仅依靠自己就能构建出一个宇宙的话，那么毫无疑问，他一定是一个蕴藏着无穷能量的人。所以，千万不要让日复一日循规蹈矩的生活侵蚀掉我们的好奇心，静下心来多观察这个世界，我希望在每一个平淡的日子里，我们都能因为自己富足的精神世界成为一个有力量而自知的人。

很多在精神上匮乏的人其实都是希望被别人照亮的。在他们的眼中，你富足的内心世界是会让人想要走进一探究竟的。而内心丰盈的人，也喜欢听发生在别人身上截然不同的故事。所以大家都喜欢一个好的讲述者，我们甚至希望别人能为我们造出一个梦来，这也许可以简单地被概括为"有趣"，而这样有趣的你，也一定要相信你可以拥有无可替代的独特魅力。

其次，自信、乐观，拥有坚定的自我是很重要的。

所有健康的关系都是建立在平等的基础上的，不要为了维持一段关系不断退让，让自己卑微到尘埃里。如果一开始我们就像忠实的信众一样把对方奉若高高在上的神明，那么我们可能就只剩被挑剔的份儿了。这样下去，对方会越来越任性妄为，而你就不得不一次又一次地打破自己的原则和底线，尽管这么做可能会换回对方短暂的开心和感动，但对方的期待阈值会在无形中慢慢升高，直到有一天，两个人中有任何一方感到厌倦，就会头也不回地离开。

最后,在和别人的相处中,不轻易被人改变是一种对自我的成全,而不总想着改变对方则是对他人的温柔。

我们必须承认每个人都是独立的个体,而在大多数的亲密关系中"我是爱你的,你是自由的"是我认为最舒服的一种状态。我们要接受在大部分时间里,成长都会伴随着各种跌跌撞撞。少数聪明的人会少走一些弯路,而大多数人的生活经验都是自己去撞了墙,踩了坑,才长了记性,至于别人的劝说和告诫,只要不是自己亲身验证过的,别说吸取教训,我们有时连感同身受都做不到,更不要说能在一开始就有所警醒、有所改变了。

所以,事实就是在大多数情况下,即使别人已经告诉我们晚睡不好、喝酒伤身,可我们偏偏就是没有办法按照别人的告诫去过更健康的生活。那么,换位思考一下,既然我们自己都做不到轻易改掉自身的小毛病,又何必再用一些正确的废话去唠叨别人,甚至有时只是因为自己不喜欢,就想让别人改掉他们一直以来的习惯呢?管好自己本来就是很费时费力的事情,如果我们再把精力浪费在对身边人的约束上,那确实就是一件吃力不讨好的事情。

成年人的潜规则

我不知道你是在哪个瞬间突然意识到自己的成长的。是生命中最重要的人骤然离开你的时候，还是在异乡的出租屋里宁可忍饥挨饿也不愿意让家人知道自己过得不好的时候？是突然听懂了那些伤心情歌的时候，还是学会试探，学会权衡利弊，学会克制、隐忍的时候？

如果可以选择，谁不希望率性而为，一生无忧呢？可成长本身就是一遍遍地打碎自我，再重新黏合的过程。我们都曾无比虔诚地奉上真心，却一次又一次地被轻慢，被中伤，被践踏，被背叛，从一开始的难过，到后来变成了习惯。谁又是天生就冷血的呢？不过是不想再被动承受，只好把从别人那里学来的再用回到他们身上。

有时世界是很残酷的，如果你能笑着让步，那些习惯了游戏规则的老玩家就会踩着你的底线把你一步步逼到死角，痛哭求饶是没有意义的，为了捍卫自己的底线，我们只能像个战士一样正面迎击所有的不公。

经常黑着脸的人偶尔对你笑笑，就能让你产生"他人真好"的感觉；向来明哲保身的人突然出手相帮，就会令你无比感动；习惯了疾言厉色的人转而对你柔声细语，就很容易让你感受到他的温暖。而如果情况反过来呢？每每笑脸迎人的你，但凡有一次换成严肃的模样，就会被质疑在给别人摆脸色；总在第一时间满足别人需求的你，只要有一次稍稍怠慢，就会被对方挑剔指责；明明是与人为善主动付出，却还要被说成傻里傻气，最后换来别人的变本加厉。

世界有时真的很奇怪，有的人似乎天生就享有更多的谅解和宽容，而作为一个普世意义上的好人，反而要被不间断地审视和质疑。我不想把这归因于人性的弱点，人们并不是本来就愿意接受不好的东西，恰恰相反，人们一直是向往美好的，只不过不希望美好只存在于别人的世界中，在这种情况下，我们既不愿意承认别人有多好，也不愿意承认自己有多糟，所以就找到了一个能暂时安慰到自己的解释："其实别人也并没有那么好。"所以我们有时必须收敛锋芒,不把自己宝贵的东西轻易示人,保护自己的那份美好不被他人随意破坏。

在人与人的博弈中天然就会产生出位置的落差,与气场弱的人相比,气场强的人就是更容易掌握关系的主导权。人的气场并不取决于性格是否开朗、讲话是否大声,气场强的人不会把服务别人放在第一顺位,如何最大限度地满足自己的诉求才是他们的头等大事。他们在与人相处时,懂得如何给双方划定边界,他们更加明白在什么时候用沉默来保护自己。

海明威说过,"用两年时间学会说话,却要用一辈子学会闭嘴"。我们在不谙世事的时候总喜欢没有任何防备地把自己的一切和盘托出,却不知道能伤害你的往往是那些了解你最多的人,有多少反目的仇人曾经是亲密无间的友人,有多少最终陌路的怨侣都曾是形影不离的爱人。我们要做的就是守好分寸,把握好人与人的边界,不必不停追问,有时沉默就是答案,没有回应就是拒绝。

第二章
姑娘，从今天起，请保持独立的思考

什么时候可以开始一段关系？

　　喜欢的人不喜欢我，喜欢我的人我又不喜欢。似乎很多人都会在这种尴尬的状况中不停打转。我们不知道应该为了坚持本心而继续等待，还是应该和一个自己不那么喜欢的人将就半生。感情这东西本来就是没有什么道理可言的，有的时候对方什么都不用做，你就已经迫不及待地想要和他走完一生，但有的时候另一个人恨不得对你掏心掏肺，你反而视若无睹，毫不在意他对你付出的一切。

　　爱情有的时候很像酒精，它能让人迅速上头并陷入一种失控的状态中，也正是因为这样的不可控性，它才拥有了令人无法抗拒的迷人魅力。爱情会让人热血上涌，会让人牵肠挂肚，会让人重回天真，也会让人敏感柔软。爱情是千百年来人们一直都在讨论的主题，它可以有千万种形态，我相信很多人在亲身经历爱情之前，就已经听过、见过无数种爱情的样子了，或许从父母那里，或许从小说和影视剧里，我们都或多或少看到过它的出现。

所以，我们在真正地进入一段感情之前，其实就已经对它抱有了过于美好的期待，而这些期待很多源于我们对于爱情的想象。如果是在虚拟的世界里，我们很容易就能设计出一个自己喜欢的角色，可我们没有办法在现实世界中设计一个符合自己所有幻想的完美情人。倘若我们一直苦苦等待的是这样一种爱情，痛苦煎熬的只能是我们自己。

那么，我们是不是该转而选择喜欢自己的人呢？其实"该不该"和"是不是"是两个问题。在现实生活中，很多人会为了唾手可得的利益，或者因为莫名其妙的虚荣心，或者纯粹是来自长辈的压力而选择跟另一个人在一起。比起更多冰冷残酷的真相，至少他们还算是幸运的，因为在这样的关系中，至少对方还是喜欢自己的。

很多人是跟一个自己根本不爱或者根本不爱自己的人稀里糊涂地走完一生的。我清楚地记得，我的外婆曾经在外公弥留之际握着他的手说："老头子，我们下辈子还做夫妻好不好？"

令我震惊的是，尽管当时外公的意识已经模糊了，但他还是艰难地从嘴里吐出一个字："不！"

也就是从那时起，我对很多事情的认知发生了巨大的颠覆，也许很多看上去相敬如宾的伴侣其实并没有别人想象得那么相爱，他们能一起相伴走下去或许只是因为没有更好的选择，需要靠着对家庭的责任感逼迫自己无数次地妥协和忍耐，才能勉强维持一段并不怎么幸福的婚姻，但他们心里的委屈一直是存在的，而且这种委屈很可能永远都无法消失，最终会转化成对生活和对另一半的恨意。

这就是我不建议人们去强迫自己和一个不喜欢的人在一起的原因。如果我们和一个自己根本不爱的人在一起，且不说利用对方来满足自己的私欲会对对方造成什么样的影响，单从我们自身出发，和一个不喜欢的人凑合，大概率会让我们产生很大程度上的不甘心，这种不甘心就像一颗不定时炸弹，或是在某一次争吵的时候，或是在有第三者介入的时候，它就会被瞬间引爆。可能就在某个并不晴朗的早晨，你睁开眼睛，看了眼身边那个还在熟睡的人，也就在那么一瞬间，长久以来被你小心藏好的厌恶感从你的心中全部涌了出来，于是你终于还是打包好行李，就那么一走了之了。

举个极端的例子，你会和一个很丑但对你很好的人谈恋爱吗？如果让男人来回答这个问题，我想大部分男性都会拒绝，因为男人天生就是"视觉动物"，对异性的感知首先来自眼睛。而如果让女人来回答这个问题的话，我想有一部分女性朋友可能是会接受这样一个追求者的，因为追求者的颜值在这部分女性的眼里本来就不是非常重要的择偶条件，她们反而会更多地通过观察追求者为了得到她们的爱所付出的努力，来判断他能否成为一个通过考验的胜利者。

不过现实往往比她们预期的要更加残酷，即使这部分女人把自己的择偶标准一降再降，那些相貌一般、能力一般、家世背景也很一般的男人除了对你好之外，是不会有更多的手段和资本去获取你的芳心的。我想告诉这些姑娘的是，聪明如你，一定要擦亮眼睛，你可以因为这个人的个性乐观而选择他，可以因为他的情绪稳定而选择他，也可以因为他的头脑聪明而选择他，但千万不要因为他的几句漂亮话和追求你时表现出来的示好而去选择他，因为这些在你看来的好对他来说根本不算什么。

男人喜欢以小博大，在为了做一件事或想要得到一个人时，男人会更有目标性和功利心，大多数男人事先会在心里默默盘算一番，他们总想着怎样以最少的付出得到一个女人的青睐。

他肯拿出的筹码越多，就说明你对他来说，是多么势在必得的存在，而这样的胜负欲有时并不是因为他有多么爱你。这个时候女孩子一定要清醒，因为如果对方身上本来就没有你喜欢的东西，而你又一时被感性冲昏了头脑，因为对对方心生愧疚而很快屈服于他的各种攻势，那么这仅仅是对方最彻底的单方面的胜利，于你而言，除了得到几句无关痛痒的"想你""爱你"之外，你不会从这段关系里得到更多有价值的东西。

回到最初的那个问题："你喜欢的和喜欢你的，你会选择哪一个？"既然我们已经排除掉牺牲自己感受的第二种选项，那么我们所要做的就是找到那个你喜欢的人，然后努力让对方也喜欢上你。你并不是唯一被丘比特遗忘的人，他可能真的很忙，所以，与其被动地等待，不如自己积极地行动起来，就像读书的时候为了得到一个漂亮的分数而努力，就像毕业后为了得到一份心仪的工作而奔忙，我们要主动从人群中寻找，争取自己的幸福。

不过，就如同并不是每一次的苦读都能换来好的成绩，不是每一次的面试都会得到令人满意的结果，理所当然地，也不是每一次的邂逅都能擦出爱的火花，所以，在追爱的道路上千万不要气馁，就像玛格丽特·米切尔在《飘》中所写，"也许上帝希望我们在遇到那个对的人之前遇到一些错的人，因此，当我们最终遇到那个对的人的时候，我们才知道如何感恩"。真爱难得，人潮汹涌，只要我们依然敢于牵起那个笑着迎面走来的人，我们就有遇见真爱的可能，在一次次和错的人擦肩而过后，我们会越来越清楚自己真正想要的是什么，自己喜欢的究竟是什么样的人。

其实一直以来，我们会爱上什么样的人，在什么情境中会对他（她）产生怦然心动的感觉都是有迹可循的：这和我们童年习惯了哪种被爱的方式，对什么样的人会产生熟悉和亲切的感觉都是密切相关的。尽管很多人嘴上说着一定要找个有钱、有颜的恋人，但在现实生活中，他们最终爱上的人很有可能跟他们所说的是截然相反的，因为事实上很多控制我们行为和身体本能的都是藏在我们大脑里的潜意识，只要我们掌握一定的方法，就可以触发爱的开关。

因此，在努力找到那个对的人之前，我们首先最应该做的就是找到自己身上那个爱的开关，更加清楚地了解自己。有的人是知道自己谈不好恋爱的，不管谈多少次恋爱，他们都填不满自己内心的空洞，他们总是想从对方身上找到安全感，希望用爱来治愈自己，于是就像抓住救命稻草一样慌忙地紧紧抓住另一个人，从一个人的拉扯转而成为两个人的折磨。没有办法摆平自己的人，是没有办法好好谈恋爱的。

好的爱情具有滋养人的力量，绝不是将人的生命力消耗殆尽。因此，一定要在自己准备好的时候再开始一段感情，当你清楚地知道自己如何能被取悦，什么时候会得到满足，可以为了这些放弃什么，能不能为自己的行为负责的时候，那么在我看来，你是可以尽情地享受到一段亲密关系带给你的美好的。

大学不谈恋爱会后悔吗?

全球发行量最大的经济学教材《经济学原理》的编写者,美国的经济学家 N. 格里高利·曼昆曾经有一句关于哈佛大学的很经典的玩笑话:"哈佛大学可能是全世界最高端的婚姻介绍所。"因为曼昆就是在哈佛大学收获自己的爱情的。

尽管我们无法预判爱情的发生,可如果一定要我们选择一个和另一半相遇的地方,那么大学校园未尝不是一个不错的选择:身边基本上都是智力水平相当的同学,各种各样的社团活动还会把他们按照课业以外的爱好划分成一个个小团体,要是你已经做好了谈恋爱的准备,那么,你所要做的就是在这些优质的男孩或女孩里寻找出一个让你心动的人。

和许多其他国家的大学不同,在我们的大学中,走读不是那么普遍的现象,大部分学生都生活在一个相对封闭的大学校园里，这就更给这些学生创造了大量朝夕相处的机会。对于很多第一次离开家乡的孩子来说，他们的生活环境发生了巨大的改变，脱离了家人的管束，高考前紧绷的神经也终于得以放松。并且在这段时间里，他们暂时不用耗费大量的心力在维持自己的生计上，不用担心没有地方住，拿着算不上充裕但足够日常开销的生活费，除了学分和各种等级证书，似乎没有什么其他的事情是值得他们担心的了，而这一切都给校园爱情的萌生提供了良好的环境和条件。

突然没有了高考前老师和家长对"早恋"的严防死守，大学时期的恋爱就像一张被硬塞给你的邀请卡，只要你愿意，随时都可以加入这场盛大的狂欢，不过派对持续的时间不会太久，四年将一晃而过，所以只要你稍稍犹豫，就会永远地错过这次机会，你会去吗？

而事实上很多人大概率会这样度过四年的大学生活：刚上大一的时候，你会兴致勃勃地去参加各种学生会或者社团，但是新鲜感过后，你就没再去过了。半年之后，你会渐渐习惯周末把自己关在宿舍里，打游戏、刷剧、点外卖，一整天都不用出门。体测里规定的 800 米、1000 米，将会成为很多学生在那段时间里运动量的巅峰,也会是一个逃也逃不掉的噩梦。等到了大三,有一天你突然发现,自己身边来来回回就是那几个一起吃饭的室友,而当他们出去约会时,你无聊地拿出手机,却不知道该把消息发给谁,打开微信,好友列表里竟然没有一个自己想要约出来见面的人。

你也不是没有努力过,你曾经也看着手里的那张邀请卡幻想过即将到来的甜甜蜜蜜的恋爱,但你会发现大学里面的恋爱就像开罐即饮的可乐,如果不就着冰冰爽爽绵密的气泡痛快地喝下它,放置的时间越久,就越可能失去它本来的吸引力。就像要把过去的青春时光统统追回来一样,很多人没有了少年时的羞涩拘谨和小心翼翼,第一次见面的时候就会跟你索要电话号码,互发过几次消息之后,就开始试探,开始表白,如果被对方拒绝了,也没有关系,马上换个新的目标,接着向他索要电话号码、发消息、试探、表白……如此循环往复。

诚然,这是我们寻到爱情的必不可少的过程,但这样的过程不能只是一次又一次机械地重复。每当看到因为在大学里面没有谈过恋爱,后来不得不选择相亲而感到后悔的人,我都好想告诉一些更年轻的朋友:怎样得到别人的爱或者怎样给别人更好的爱都是需要通过学习而获得的能力，我们需要在一次次的练习中更好地释放爱的信号，也需要在一次次和别人的相处过程中更加清楚学会用怎样的方式才能找到幸福的钥匙。所以，在可以爱的时候就勇敢去爱吧，不要等到那一天，在遇到自己真正想要共度一生的人时才手足无措。

但如果你还没有做好去接纳另一个人的准备，那么大学生活对你来说，也必然是非常精彩的。去努力完成自己的论文吧，去参加国家比赛，去争取奖学金，去考研，去实习，去打工，去创业，去读遍你们图书馆的书，或者就纯粹地抓住青春的尾巴去疯狂一把，体验你想过的生活，最终，成为你想成为的人。

到了年龄该不该结婚?

我的一位女性朋友今年 32 岁,各方面的条件都还不错,她之前也有过几段恋爱,尽管在每一段恋爱里都做到了全情投入,可到最后都是无疾而终。她一直特别懂事,虽然有的时候也会闹点儿小脾气,但总体来看她是个善解人意的好姑娘。她会习惯性地照顾身边人的情绪,在日常的小事情上几乎不会去麻烦别人。

有一天她找到我,哭着对我说她很害怕自己向时间和年纪妥协,然后随便找个人嫁掉。她实在不能接受找一个不爱自己的人,那样对自己太不公平了,可又真的不想找一个自己不爱的人,那样对别人来说太残忍了。

我是这么跟她说的,等公交车的人等的都是那辆去往正确目的地的车,哪怕它晚点了,他们也会继续等下去;如果你只是因为等了太久而随便坐上恰好进站的其他车辆，它大概率会载着你奔向一个完全相反的目的地，等到后来你意识到了自己犯下的错误，一定会悔不当初，想着要是当时没有那么急迫，再等一等，结局是会不一样的。

我相信很多到了结婚年龄的朋友都有和我朋友一样的困扰：一方面，迫于身边亲友的压力，被催促着进入人生的下一个阶段；而另一方面，他们内心又不得不承受着年纪逐渐增长所带来的焦虑。他们没有结婚并不是认为婚姻不重要，恰恰相反，他们认为婚姻太重要了，所以在这件事情上，他们不愿意妥协。

每个人都希望能够掌控自己的人生，因为在这个世界上，除了我们自己，没有人有义务对我们的明天负责，有些人不是不想往前走，而是没有办法说服自己，只能停在原地，固执地等着一道光的出现。

李宗盛在《晚婚》里写过："我从来不想独身／却有预感晚婚／我在等／世上唯一契合灵魂。"然而现实的残酷就在于，纵使千帆过尽，我们终于能牵起那个人的手，下定决心和他共度余生，也不一定就能拥有白首不相离的幸福婚姻。虽说一开始就没有爱情基础的婚姻是很难维持的，但婚姻的和谐稳定靠的绝不仅仅是两个人的浓情蜜意，因为爱情是一种会日渐降温的消耗品，而婚姻却是需要一砖一瓦构筑起来的堡垒。婚姻中的两个人就像是同一个屋檐下的利益共同体，他们需要充分利用和整合家中所有的资源创造更大的价值，用以抵御可能遭遇的所有未知风险。

如果说爱情是冲动、无私和不顾一切，那么婚姻的本质就是冷静、克制和权衡利弊。不论到了什么年纪，任何贸然走进婚姻的人都将面临一场疯狂的豪赌，赌上的无疑是各自的明天和双方的未来，伴随而来的必然是巨大的不确定性。

很多人即使被家人疯狂催婚，也不愿意为了未知的风险，赔上自己用双手赚来的安稳生活。他们的逻辑是就算努力去找，也不一定能找到合适的人；就算找到了合适的人，也未必就能走到谈婚论嫁这一步；就算终于能谈婚论嫁了，双方也可能会因为彩礼和嫁妆的问题谈崩；而就算顺利举行了婚礼，婚后的琐碎生活也可能让人陷入无休止的煎熬。而只要坚决地选择单身，自然也就不会遇到这一连串的烦恼，日子简单可控，不用为了另一个人改变自己的习惯，也不用和另一个本来就陌生的家庭努力磨合。

我的朋友就曾经给我解释过她单身的原因,她说自己之所以单身,是因为她不敢心动。她说她太了解自己是什么德行了,她每次一动心就会被对方吃得死死的,所以她后来会习惯性地抑制自己的感情,一旦对某个人产生了好感,她就会拼命去找对方身上的缺点,找着找着也就对那个人没什么兴趣了。

我问她,一个人的时候都是怎么过的呢?她说:"我一个人可以过得很好,每天除了上下班,会去买点菜,给自己做做饭,定期去健身房,有的时候会在晚上约朋友吃个夜宵,喝点小酒……每天的生活规律又惬意,有空的话就去旅游,周末就逛个街,睡个懒觉。但谈恋爱就不一样了,生活里突然闯入了另一个人,我所有的安排和计划都会被他打乱。我会下意识地检查手机,怕错过他发来的信息,会控制不住地去想他正在做什么,想发信息去问,但信息发出去就又开始担心,生怕他没有及时回复我,要是他因为在忙别的事情真的在很长一段时间里没有理我,我就会陷入深深的沮丧。看到好吃的东西第一时间想要和他一起分享,看到男装店就会进去找找有没有适合他的衣服,看到好笑的段子、有趣的帖子都会发给他,和他一起哈哈笑……就算不是什么节日,也会花很多心思为他准备礼物,他说的每一句话我都会认真去揣摩他想表达的意思。我不敢向他提要求，不会反驳他说的话，只会事事顺着他，生怕他对我有一点点不满。我这个人还有一个毛病，就是太容易把对方的承诺当真。他可能只是随口一提，说要带我去哪里玩儿，我就真的把他说的提上日程，默默规划好行程，并对这趟旅程充满期待。他说他可以做到的，我都会无条件地相信他。可是往往我苦苦等到的都只有失望。这让我怀疑自己受到这样的对待，是不是因为自己不够好？我长相不好，身材不好，性格也没有什么特别的，凭什么得到永远不变的爱呢？"

她说，仅仅一句苍白的"我爱你"，已经不足以让现在的她再次不可救药地爱上另一个人了。从前她总会过于贪恋一个温暖的怀抱，要知道一个习惯了孤独的人骤然遇到了一个同行者，会在心中生出无限的珍惜和感动，自己封锁多年的心墙也随之在顷刻间土崩瓦解。她如今已经无法想象当那个人某一天离她远去时，自己是不是还有足够的勇气重新去适应那份狂喜过后的孤独。

有句话说得好，"我本来在绝望里面活得好好的，你非要多事把我捞出来，然后再把我扔回去"。给你带来光明的人，也能毫不费力地使你重回黑暗，因为自始至终，发光的都只有他自己而已。但这样的你也是幸运的，一些人终其一生都活在黑暗中，你有幸被照亮过，生命一定会变得和从前不同。你学着脱离别人的引力，创造自己的磁场，不再绕着别人旋转，在只有自己一个人的时候，也能无畏无惧；在有风的日子，自在地翩翩起舞。

有的时候，我们不用固执地去等待那道光的出现，把自己活成一道光。不用再患得患失，你可以选择独处的自洽安逸，也可以找一个人去爱，当然如果你愿意，也可以挑一个合适的伙伴组建一个家庭。不论你做出怎样的选择，只要做好为不好的结果兜底的准备就可以了。

一个人想要做多大的事情，就要有多大的能力，而他具备多大的能力，就必须看他在遇到风险的时候，能担得起多大的责任。选择单身，只要为自己负责任就可以了；选择恋爱，需要加上为对方负责；而选择结婚，就必须对两个家庭及对未来可能迎来的孩子负责。

结婚证和学位证是不一样的：学位证是需要学生完成规定的学习任务后通过考核才能拿到的证明；而结婚证更像是一个

公司的经营许可证，它只在法律层面上规定了权利义务和财产的划分，没有任何考试和课程去验证一个人到底能不能拿到这张证明，所以婚姻的不确定性就在这里，我们有的时候只能依靠自己和家人基于一些并不全面的客观事实来进行一些主观的判断。当然婚姻也不全然像商业竞争那么残酷，公司如果经营不善，很快就会破产倒闭，而婚姻的温柔之处就在于它的评判标准不是冷冰冰的市场，而是一种主观的幸福感，婚姻中的双方能不能幸福终老很大程度上是基于个人感受的，只要找到适合自己、久处不厌的人，或者两人的结合能实现彼此利益的最大化，让个人的感受得到满足，就很容易让婚姻继续维持下去。

　　婚姻的缔结需要两个人都能做彼此忠实的合作者，不能轻易散伙，也尽量避免做任何可能伤害双方利益的事情，否则就会两败俱伤。在面对一望而知的诸多门槛和障碍时，身处婚姻中的两个人有任何一方想要逃跑，都不可能做到全身而退。从婚前两家人的见面，到婚礼的筹备，到孕育一个新的生命，到孩子的教育问题，再到可能遇到的工作变动，哪一个都是绕不开的、需要两个人用智慧去解决的问题，这些问题就像一个个考验，考验着夫妻的能力，也考验着夫妻关系的牢靠度，有的夫妻通过了层层考验,而有的夫妻则走着走着就散了。

我同事的发小是个女孩子,她在高中毕业后学习了美容,自己开了一家小店,后来谈了个男朋友,那个男孩子的个子不是很高,身材微胖,长相一般,但是对这个女孩子非常体贴。和这个男孩相比,女孩长得很漂亮,又因为自己职业的关系,所以平时打扮得很时髦。女孩子的家境要好一些,男孩子尽管是独生子,但家境相对比较普通,平时在单位上班,工资比较稳定。

两人恋爱一两年,到了该谈婚论嫁的年龄,女方说要五万块钱的彩礼,但男方的妈妈说五万太多了,自己只能出两万。女孩子没怎么多想就同意了,觉得两万也行。但女方这么轻易就答应了男方妈妈的要求,反而让这个妈妈觉得自己儿子的魅力特别大,她认为就算自家不出一分钱,也一定能娶到这个女孩子,于是得寸进尺地提出连两万块钱也不出的要求,也因此,女方取消了两个人的订婚,两家闹得不欢而散。

可事后男方的妈妈不仅没有任何惋惜,还对此不以为意,她不知道从哪儿生出了一种没来由的自信,觉得自己的儿子可以找个更好的姑娘。但她后来眼见自己的儿子在相亲市场上并没有什么特别的优势,在她意识到以儿子的条件无法再找到一个比之前那个女孩子条件更好的人后,这才突然为自己之前做的事情感到后悔,于是让自己的儿子去联系那个被她作走的"准儿媳"。不过,尽管后来男孩子对这个姑娘百般示好,姑娘也始终对这个她曾经的"未婚夫"爱搭不理。

现如今越来越多的姑娘不愿意走入婚姻的一个很重要的原因就是婚姻带给女性的第一项严峻的挑战就是生育。怀孕时候的生理不适、身形的变化、情绪的波动、分娩时的剧烈疼痛、伤口的撕裂、哺乳的辛苦、月子期间的腰椎疼痛、饮食上的种种禁忌,身体刚刚经历了这么大的巨变却还得因为孩子的哭闹睡不了一个整觉。所有的这一切,光是想想就让人觉得脊背发凉。如果不巧再遇上一个没有同理心的丈夫,既不愿意花时间、花精力,也不愿意花钱找专业人士或机构去照顾虚弱的妻子,那这场生育对女性来说无疑就是一次极大的挑战。

然而婚姻带给人的考验还不止于此,无论婚前多么甜蜜恩爱的两个人在婚后都会产生或多或少的摩擦和矛盾。偶尔拌嘴吵架倒也还好,可有的夫妻吵着吵着就发现原来他们根本就三观不合,这个时候才发现原来从一开始这场婚姻就是错误的。

而如果不是因为三观的问题相持不下,但争吵的范围波及太广,导致双方的家庭也陆续加入了战局,事情同样会变得一发不可收拾。一对强势的公婆或者一对不通情理的岳父岳母的加入,绝对会加码这场大战的惨烈程度,使本来勾勾手就能和好的两人一定会为了捍卫自己家人的尊严对抗到底,最后很可能会造成无可挽回的局面。

对很多远嫁的女人来说,她们婚姻的容错率更低,平时两人恩爱有加平淡幸福,而在两人发生了矛盾的时候,女方才发现原来自己早就堵死了所有的退路。脾气好的姑娘在这种时候会选择忍气吞声,脾气犟的姑娘在摔门而出的时候才会发现自己根本没有可以去的地方,娘家远在千里之外,除了旅馆,在这个陌生的城市她没有任何可以安稳睡上一觉的去处。

如果说偶尔爆发的争吵还只是小问题,那么像家庭分工、经济分配这种关系到婚姻根本的问题要怎么解决?这些都是需要双方妥协和让步的,有些女性为了孩子会牺牲自己的事业,她们为了照顾年幼的孩子选择做了全职妈妈,为了全力支持丈夫的事业,她们承担了家庭的大量后勤工作,可终于等到丈夫的事业有了起色,却突然发现二人关系中莫名挤进了第三者,这才是最令人崩溃的。不用说事业有成的男人,有时一些没什么本事的男人,他的花花心思照样也是不会少的。如果完全由着男人单方面去肆意破坏婚姻中的契约,这实在是一件太过被动的事情。

有些人不愿意结婚,正是因为他们意识到婚姻能带给他们的远远要少于他们往婚姻中投入的。房价、彩礼、生孩子……只要不结婚,就不必为这所有的一切烦恼,不用为了另一个人的生计奔波,不用听他(她)的数落和唠叨,可以随心所欲地按照自己喜欢的方式生活,完全不必勉强自己。

然而还是有一部分人会义无反顾地走进婚姻,从此,夫妻俩在解决问题的时候就拥有了两个具有差异性的大脑,在干活的时候就有两双可以创造的手。有一天老了,老到需要相互扶持了,夫妻俩又能成为彼此最称手的拐杖。伴侣成为我们自己选择的没有血缘关系的亲人,如果一切顺利,伴侣也可能成为人生中陪伴彼此时间最久的人。

我相信一段好的婚姻对处在这段关系中的人是大有裨益的,它对我们漫长的人生来说,只是另一个阶段的开始,我们要做的就是不放弃自我成长,在婚姻中继续过好自己的生活,只有这样，我们才能在婚姻遭遇重大挑战的时候，手里依然握有选择的权利。就像写着"包退包换"的产品才会让人买得更放心，只有婚姻不再是社会强行加在我们肩上的负担，我们才能不把它当作一个令人烦恼的存在：我们可以选择单身，也可以选择结婚。而在婚姻没有办法继续下去的时候，我们可以选择克服困难，或者选择止损离开。

很多时候我们需要孤注一掷的决心，我们会为了理想，为了心中的那团火毫无保留地燃烧自己，但我想说的是我们在对待婚姻的时候，其实可以不用这样，因为它只不过是我们人生中众多选择中的一个，如果你认为对你来说，婚姻还算是个有利的选择，那就抓住它；可如果你觉得婚姻不会让你更好，反而会拖累你往后的人生，或者你就是单纯觉得自己还不具备接纳另一个人闯进你生活的能力，那么就暂时不用考虑结婚。

这世界唯一不变的就是变化，这是我们必须接受的现实，因为发生改变的不仅是这个世界，就连人体的细胞也会每隔几年完成一次大的更新。如果我们在婚姻中一直固守着"愿得一人心，白首不相离"的初衷，并指望着当初和我们走进婚姻的那个人永远不变，待我们始终如一的话，就很容易让自己变得患得患失。其实不管什么时候,都不必对别人抱有过多的期待。婚姻不是走钢丝,我们不需要在走每一步的时候都战战兢兢,永远在心里给自己留一个随时叫停的选择键,我们的人生可能就会变得更加从容。

第三章

我们都是带着使命来到
这个世界的,找到它

一无所长能找到工作吗？

你会不会担心因为自己身无所长而无法找到一份适合的工作呢？

我可以很负责任地告诉你，跟你有着同样困惑的人实在是太多了。只要你仔细观察一下，就会发现年纪轻轻就拥有坚定目标和理想的年轻人其实是很少的，而你身边的大多数人还是会对自己的未来感到非常迷茫：学历一般，家庭条件一般，平时没什么兴趣爱好，也没什么突出的特长，更别说有什么能拿得出手的技能了。那么，一无所长的人真的就找不到工作了吗？

就像很多去北上广深寻找机会的年轻人一样，也许你也可以给自己一个机会去这些一线城市闯闯。不需要有太多的顾虑，事实上只要你读过书，而且年纪也不算大，那么仅凭这两点，就有机会让你在上述的任何一个大城市里找到一份收入还算过得去的工作。

就拿我自己来说，尽管我本科毕业，但我认为我的学历并不能帮我找到自己喜欢的工作，因为我大学的时候学的是中文秘书，而我对自己学的专业知识根本提不起任何兴趣，而且我并不打算从事跟本专业相关的职业，所以我当初一个人来到上海找工作的时候也就没有用上大学的专业知识。我当初对自己的定位很清楚：我就是个年轻人，能和别人进行正常的沟通，也会一些基础的电脑操作。仅凭这些最基本的条件，我就在上海找到了一份月薪将近一万元的工作。我是靠着自己的专长找到这份工作的吗？其实并非如此。

大城市的工作机会比较多，很多工作并不要求你所学的专业完全对口，并且有些公司就是喜欢零经验的新人，新人虽然不像有经验的雇员更容易上手，但他们不容易有职业惯性，如果还具备一定的学习能力，能够按照上级的规定和要求完成工作任务，完全可以成为很多公司需要的人。

我知道拥有非常清晰的职业规划对很多人来说都是相对困难的，而且这种不确定感极有可能在很长的一段时间里都会伴随着我们。因为人总要不断地尝试，才能找到一份令人相对满意的工作，这个在不同的工作间切换的过程可能会很折磨人，但对大多数普通人来说，不管给人打工还是自己创业，都会遇到不顺心的时候，因此，想让已经被工作占据大半的生活相对轻松，选择自己喜欢的或者相对拿手的势必增强我们的幸福感和成就感。

　　工作就是为了解决需求和问题而被创造的，问题有大有小，如果能在解决一个个小问题的过程中锻炼自己的能力，那么，是不是有一天自己也能成为那个可以解决更大问题的人呢？我在小公司工作过，也在大公司上过班，规模不同的公司是有很大差别的：当你进入大公司担任某个职务的时候，可能需要的是你过硬的专业技术，但你只需要做好这个岗位要求的工作就好，不用太过操心其他部门的任务；而如果你进入的是一家刚刚成立不久的小公司，你所面对的工作可能更具挑战性，你可能会身兼数职，需要处理的工作也更加庞杂，在短时间内对个人综合能力的提升会有一定的帮助。

　　对我们大部分为了温饱而奔波的普通人来说，详尽的职业规划有时会显得太过虚无空泛，我们需要先找一份工作来解决最基本的一日三餐，所以很多时候，先找一份自己能做得来的工作才是最优的选择，只有先干起来，才有机会去认真思考自己做什么会开心，并可能把它当成可以为其奋斗终生的事业。

我也是后来才渐渐明白一个道理，那就是不要轻易相信别人说的"有能力的人在哪里都一样"，在当今这个社会中，选择往往比努力更重要。

我大学毕业后在我的家乡考进了一所事业单位，单位里的人不多，组织架构却很复杂，尽管我一共只有十来个同事，但这些同事中领导的人数比基层工作者还要多，这就意味着我的上升通道遭到了严重堵塞，我当时就觉得自己根本看不到晋升副科级的那一天。在那段时间里，我经历了一番心理斗争，最终还是选择了辞职，去社会上打拼。我后来也问过和我同期的一位同事，他本人非常优秀，是从清华大学毕业的，工作很积极努力，也得到了上级领导的赏识，尽管这位领导非常想要提拔他，可无奈晋升的职位太少，所以他还需要在主任科员的位置上继续等待下去。我知道，每个人都有着不同的想法和追求，举这个例子只是想说，决定你个人发展的不仅仅是你的能力，你站在怎样的平台上有时候比你自身的能力更能影响你的发展。

我不否认，一个能力过硬的人不管在哪里工作都是一样能挑大梁，但在职业发展的初期，在你能力所及的范围内选择一个好的平台是非常重要的：平台是不是在发展前景好的行业里，是不是处在稳步上升的阶段，有没有好的晋升通道，团队是压抑还是鼓励个人发展等，这些都是需要我们事先有所了解的。如果你迫切需要得到事业上的发展，尽管很长一段时间里，你都在一个岗位上兢兢业业，拼尽全力，但仍然看不到出头之日，那你就需要对自己的工作和能力进行冷静的评估，认真思考你所处的平台和自己适不适合。人的精力、生命都是非常宝贵的，不要把时间浪费在那些本就不值得的地方或者所谓的苦难和挫折上。我们怕的并不是吃苦，而是没有原则的吃苦；不是怕磨炼，怕的是没有底线的磨炼。

　　我们初入社会的时候往往会被过来人这么劝诫：年轻人不要总是眼高手低，觉得自己很厉害，谁都比不过自己。我们最好按照他们希望的从最基础、最简单的工作做起，安安分分地守在自己的岗位上，脚踏实地做事，本本分分做人，千万不要有不切实际的妄想，否则只会害了自己。我不否认勤奋务实在任何时候都是值得我们坚持的精神，但问题就在于对我们发出忠告的人是坐在怎样的位置上，出于什么样的目的"为我们好"的。

这些人或许是我们公司的前辈，或许是我们的上司，或许是我们的竞争者，也或许是我们的客户，他们有着不同的出发点，自然会对我们提出各式各样的规劝。事实上，我们一定要在初入社会后逐渐摒弃自己的学生思维，不能因为自己年纪小，就轻易地被某些别有用心的过来人"洗脑"。游戏规则变了，你需要适应新的生存法则：通过自己努力得来的，就一定不要拱手他人；应该争取的利益和职位，就一定不要谦虚退让。大家各凭本事攻城略地，如果一旦和别人发生冲突就习惯性地忍耐迁就，那么等待着我们的就是下一次的得寸进尺。

在当今社会，我们大多数人身处的职场都不是一个单向的赛道，业绩固然是一个很重要的评判标准，想要在你选定的行业里有所建树，除了潜心修炼基本功外，一定要让自己的头脑丰富起来，获取更多、更新的能力。可能刚毕业的时候大家的生活看起来都相差不大，但过不了几年，从前在同一个班级上课的同学之间就会慢慢地拉开距离。我们不排除彼此固有家庭带来的社会资源的差距，单单看家庭条件差不多的人，也许头脑灵活，思维更开阔的人就是可以混得更好。这部分人愿意不断地关注这个世界的变化，只要看到一点新的机会，就会勇敢尝试，直到遇到一个扬名立万的机会。很多人只羡慕他们的一朝发达，却鲜少有敢于持续承担风险的强大内心。

事实上，我们说商业的本质就是利用信息差去赚钱，在传统的商业社会里想要赚取到更多的钱，靠的就是不同地区和不同人群之间信息的不对等，能够发现这种信息差，并将它们有效整合进行兜售的人就可以从中获利。为什么我说如今的互联网时代会对传统商业社会进行洗牌呢？就是因为在万物互联的时代，我们获取信息的手段和渠道实现了前所未有的改变，只要我们打开互联网，几乎就能找到一切我们感兴趣的知识。

因此，如果你真的是一个不满足于现状，希望过上更富足生活的人，就不要只是想想而已。如果每天只是机械地上班下班，空闲的时候打打游戏、追剧刷短视频，就真的只能一直困在希望和现实的矛盾中苦苦挣扎。趁着年轻还有余力的时候，去找个自己喜欢的副业吧！当初我做抖音主播的时候，也是利用工作以外的业余时间自己写稿、拍摄、剪辑，厚着脸皮找我身边的亲朋好友帮我转发、点赞。尽管一开始觉得挺难，也想过要放弃，但出于不要浪费空闲时间的想法，还是默默坚持了下来，一直走到今天。

有句话是这么说的，你的成功其实取决于你八小时以外做的事情，这话虽然很像"鸡汤"，可如果你的副业搞得好，也会在一定程度上缓解你的经济压力。不管你是为了增加自己的收入，还是为自己后期的创业积累资本，或者纯粹是为了兴趣充实自己的生活，都可以考虑选择一个适合自己的副业。

你一定要明白工作和事业的区别：工作只是一种谋生手段，你完成公司交代的任务，公司按时发给你工资，彼此互相需要，也互不相欠；事业是需要你用一辈子的时间去践行的，它需要倾注自己的才智和心血。而如果你很幸运，有机会把当下的工作当成你一生的事业去发展，那么你就一定要从长远的角度去看待你的工作，你做的每一项工作最好都是为了帮助你的事业发展和自我提升的，这种情况下工资的重要性就会有所下降，你可能要做好为了长期的利益去放弃短暂收益的准备。

如何处理工作和自己的感情？

不管我们愿不愿意承认，在当下的社会中，我们大多数人都是以工作的时间节点作为生活的划分依据，工作已经成为我们大多数人生活中不可或缺的组成部分。让工作成为我们不断提升自己能力的工具，还是把自己操练成一个为工作服务的工具人，这是我们必须面对的两条完全不同的道路。

我觉得工作最浪漫的地方就在于，只要你不放弃工作，它就能在漫长的岁月中一直陪伴着你，不仅如此，只要你愿意为它付出，它大概率就会给你带来与你努力对等的回报。

可是尽管如此，我并不觉得我们就必须和工作死磕到底。

有的人为了生计，即使并不喜欢自己的工作也强迫自己为了钱继续做下去。我认为这完全没有问题。因为只要你具备相应的能力，并且能够按照要求在规定的时间内把它做完，你就完全能够胜任这份工作。毕竟对于这部分人来说,工作和他们,无非就是互相利用、互相迁就的关系,谈不上喜欢,也不能说讨厌,他们活得很清醒,觉得没必要为了工作付出超出报酬的时间和精力,而那些多余的时间和精力,自然就可以放在他们感兴趣的事情上了:搞副业,陪家人,健身,谈恋爱,照顾宠物……工作之外,才是他们真正的生活。我想这也是绝大部分人最真实的生活写照。

而对于另一部分人来讲,他们同样对自己有着很清晰的定位,他们的生活本身就是他们所热爱的工作。对于他们来说,如果没有了工作,生活本身就没有了意义,只有在工作中,他们才会觉得自己是真实地活着的。他们认为自己是带着使命来到这个世界的,他们清楚自己的野心与欲望,也知道自己身有所长,他们工作的目的不只是谋生,他们还不断在工作中磨炼自己的心性,培养自己的专注力,扎根一个行业,发现更大的需求与机遇,他们有强烈的内在自我驱动力,总会向更高的目标发出挑战,他们的每一份工作都是出于自己内心真正的热爱。

他们不会轻易妥协,因为自己心中有着对于"本真"的不懈追求,任何背道而驰的东西都是他们所不能接受的,但世上的万事万物并不会因为人的主观意志而轻易发生改变,尤其对于一个公司和企业而言,组织架构越复杂,以一己之力撼动的可能性就越小。这样的人达成他们事业理想的必经之路就是拥有更高的不可替代性,以此换取更大的话语权,从而实现他们最初和最终的目标。

从某种意义上来说,为了实现职业理想,就必须经历一路的打怪升级。职场之争,至刚也至柔,你需要最坚定的初心和最明确的目标,也需要最平和的态度和最智慧的沟通。

但事实是,有些职场上呼风唤雨的人在感情上往往没有那么如鱼得水,尽管很多人桃花不断,但每一段关系都无法长久。正是因为工作和感情对人们提出的要求是完全不同的:工作需要我们不断突破能力的上限,那些能力差的就需要接受优胜劣汰的规则,被迭代、被替换。事业上越优秀,对缺陷和瑕疵的容忍度就会越低;而感情需要我们尽最大的努力包容彼此的不足,理解对方的不易,忍受对方的不堪。好的感情需要两人一起消磨大段的空闲时光,而事业越成功的人反而越不愿看着时间无意义地流走。

有的人将爱人的幸福当成工作的目标,为了爱人的幸福而不断努力,在职场上全副武装,施展特长,藏起破绽,时刻警惕,守好自己的阵地。等到他们离开战场,就安心地卸下防备,给重要的人留下可以尽情挥霍的时间;而有的人把工作当成"爱人",他们对自己的"爱人"一丝不苟,全情付出,坦然接受挫败,承受痛苦,但不忘初心,还能重整旗鼓,重新来过。

我衷心地祝福第一种人能够得偿所愿,能享受到用努力工作换取的甜蜜爱情;我也由衷地佩服第二种人,因为我相信他们可能会经历曲折起伏,但为了他们挚爱的事业必将坚定而勇敢地再次挑战。

我们究竟在为谁买单?

20世纪30年代左右,一个极具影响力的传播效果理论——"魔弹论"横空出世。第一次世界大战到第二次世界大战期间,像报纸、广播和电影这样的大众传播媒体得到了大规模的发展和普及,这对当时人们的生活产生了非常大的改变和影响。"魔弹论",也被称为"皮下注射理论",顾名思义,说的是媒介拥有受众无法抵抗的强大力量,传播媒介(当时主要是报纸和广播)所传递的信息就像子弹或者药剂注射到人体中一样直接作用在人们身上,人们作为信息的接收者是没有任何抵抗能力的。

看得出来,那时的人们既享受着报纸、电影和广播这些新兴技术所带来的让人应接不暇的丰富信息,同时害怕被这包罗万象的信息炮弹当成无差别扫射的靶子。就像今天的我们,深处这个蔚为大观的信息世界中,发展迅速的信息技术致使信息动辄就以 TB 来计算,我们很自然地会有无力和恐惧的感觉,我们担心自己会迷失在信息的洪流中,成为一个没有感情的信息复制机器。

我们追赶着网络流行语越来越快的更新频率,一再更换时髦的口头禅,以持续获得所在群体对自己的认同。我们崇拜着政商文体层出不穷的社会名流,打心底里认同他们的价值观,渴望通过模仿他们的语言和穿着实现某种意义上向他们的靠近。一个普通的牛皮包制作成本只需要几百几千,贴上爱马仕的标识就能卖到几十万甚至上百万。一块国产机械表的售价只要几百块,相似的设计和品质,只要把品牌和原产地换成瑞士,就会让无数其实根本就不需要佩戴手表的人趋之若鹜。

今天,手机和其他小的电子设备可以说已经承担起了绝大部分的信息传播功能,它们早已取代了处于边缘传播位置的报纸和广播。从我们大众对传播的态度来讲,无论是一百年前的人们对报纸、广播,还是一百年后我们对电脑、手机都抱持着相似的态度,我们一方面因为自己对信息的需求得到了满足而不由得称赞，技术手段的更新极大地丰富了我们的精神世界；另一方面我们又担心自己被信息背后的制造者轻易操控摆布，失去自己的判断，从而变成一个只会按照他们的指示做事的提线木偶。

我想告诉你的是，你真的不需要为了这件事过度担心，因为在之后的几年里，"魔弹论"就很快被推翻了，而它被否定的原因在于没有考虑当时特定的战争环境对人的心理造成的影响，以及它忽略了一个主要的因素，那就是人的主观能动性。就像不是每一个原本就反战的士兵在看了战争宣传片以后，就会决定参军一样，肯定也不是每一个原本就不认可所谓精英价值观的人，在看到奢侈品的巨幅广告之后，就会对它们心动不已。

在大多数情况下我们都是沉默的、顺从的，有的时候甚至显得冷漠麻木又无知无觉，但事实上我们的沉默只是表象，它并不能代表我们内心真实的态度。每个人都有各自不同的想法，只是在发现自己的想法和大多数人不一样时，就会选择暂时不把自己的想法公之于众。其实，只要这些少数人中有人敢大声地说出自己的想法，他们就会得到少数群体的支持，而且这个少数群体所具有的凝聚力是很惊人的,就像我们现在的"汉服圈",他们靠着自己的独特和坚持不懈的发声,从最初的一小部分人慢慢地发展壮大,发展到今天,被无数的年轻人追捧。

1972年,美国的传播学家麦库姆斯和唐纳德·肖提出了一个叫作"议程设置"的理论,这个理论认为,大众传播往往不能决定人们对某一事件的看法,但可以通过提供信息和安排相关的议题来有效地左右人们关注哪些事实和人们谈论它们的顺序。简单来说就是大众传播可以影响人们去想什么,但是没有办法决定人们怎么想。比如,大家可以把一个话题顶到热搜上,但评论区里一定众说纷纭,观点各异。广告公司和公关公司的存在,也恰好说明了我们并不是千人一面的信息容器,正是因为我们的想法千差万别,广告公司和公关公司才需要绞尽脑汁,想出各式各样的方法改变我们的态度,进而做出他们希望我们做的事情,比如掏钱购买他们客户的产品。

如果说让我们去抵制消费主义的影响,我觉得这是很困难的,因为我们本来就处在消费社会中,我们很难从商品的实用价值和物理价值出发,去考虑我们是不是需要它。

举个简单的例子：前一段时间，网上有消息披露某运动品牌在自身经营状况并不理想的情况下，依旧为河南遭遇暴雨的地区捐款5000万。就在消息出来的第二天，无论是在它们品牌的抖音直播间，还是在该品牌线下的门店，都涌入了大量的热情顾客，很多一度滞销的产品也在那一段时间成为很多顾客争抢的对象。网友是真的需要这个牌子的鞋子吗？很多人并不是冲着鞋子可以提供给他们的实用价值去的，明显是奔着这个品牌被它的老板所赋予的爱国精神去的。

消费其实没有绝对理智可言，有的人花钱就是为了开心，有的人花钱就是为了社交需要，还有的人花钱就是为了挣取更多的钱，我们的消费行为本身就和消费社会中商品被赋予的符号价值、文化精神和形象价值是密切相关的。从某种程度上来说，我们现在所处的就是一个生产相对过剩的时代，同质化的产品被大批量地复制、售卖、流通，既然它们看上去都差不多，对买的人来说也就没有什么大的差别。但聪明的商人会给产品赋予特别的精神价值和文化价值，越是与众不同，越能吸引人去关注和购买。在这种情况下，我们多掏的那部分钱，就是为产品被人为赋予的精神价值买单，而这就是创立品牌和树立品牌价值的意义。

那么商家是如何做到让我们在不知不觉中就心甘情愿地为他们所赋予的品牌意义买单的呢？这就涉及利用媒介对我们进行说服，然后使我们产生购买行为的过程。

我们所说的消费主义陷阱，有很多是源于各种厂商利用各种媒介对其潜在的客户群体进行劝说，让他们购买产品，也就是营销，所以，想不被商家碰你的钱袋有一个最简单有效的方法，那就是和这些社交媒体做切割，不只是手机、电脑、电视、报纸、广播都要尽量少碰，这样你就可以从源头上避免了和广告过多的接触。不过在信息网络无比发达的今天，产品广告必然附着在信息网络上触达我们生活的方方面面，虽然我们可以通过减少对各种社交媒体的浏览来减少我们被套路的可能性，但可行性确实不太高。

还有一个釜底抽薪的办法可以让你不去购买你原本不想买的东西，但这个办法的困难程度和上一个方法相比，其实有过之而无不及，那就是尽可能脱离你所在的与你消费观不符的圈层。人在社会中生活，就必须在各种各样的群体中，而这个群体的消费方式和消费习惯一定会对你产生很大的影响，比如你加入了一个摄影小组，而这个小组的成员很喜欢在相机设备而不是在摄影技术上下功夫，那么即使你内心并不愿意为了升级自己的设备而花更多的钱，也会因为周围人的影响，砸钱把你之前购置的单反换成时下流行的微单。如果你不想继续随着相机公司的产品更新速度而被掏空腰包的话，只要离开这个摄影小组就好了。

但这只是一个很小的团体，对我们来说脱离他们也相对容易，可如果我们想要随意脱离一个更大的团体，就没有那么简单了，比如，当这个团体的规模扩大到我们的整个社会时。在逃无可逃的时候，我们就必须把钱上交给商家吗？我们还有办法避免被套路吗？

事实上是有的：只要我们够穷，我们就永远不会被套路。当然这只是一句玩笑话。其实也有不被消费陷阱套牢的办法：通过多学习、多读书来避免被套路。这就提到了我们读书、学习的目的是什么了。我们大多数人都是在不知道为什么要学习的年纪走进了学校，上学的时候根本不知道自己为什么要学习这门课程，有的会因为自己不擅长某个科目感到很痛苦，家长、老师也很少给我们讲我们学习的目的究竟是什么，只是一遍一遍告诉我们要努力学习，考个好大学，大学毕业后找个好工作，有了好工作就能更顺利地结婚生子。但在我们的内心，并不认为这是一个足以让我们努力为之奋斗的理想。

其实想想就让人觉得沮丧，每天跟自己讨厌的功课进行殊死搏斗，最后只是为了当个听话的好员工，虽然尽到了我对公司和对社会的义务，但我自己的价值呢？我真正喜欢的事情要交给谁来替我完成呢？如果我这么努力只是为了一丝不苟地完成别人的期待，那么我怎么可能活得真实又快乐呢？所以我尤其想对年轻的朋友说，一定要找到自己学习的意义，这里不仅仅限于你在学校必须完成的课业，也可以是任何一项你喜欢的兴趣爱好，一旦你带着一种自己认定的使命去学习，坚持下去，你就会发现你的收获一定会比别人多。

我曾经在抖音上看到过一个采访，受访者说他是个以色列人，他们那里上大学的年纪一般在25岁左右，他们在高中毕业后通常会先去服兵役，大概两三年后退伍，很多人退伍后选择去环游世界或者打一两年工，然后再进入大学学习。我觉得在经过不断地摸索和尝试后，最终他们决定去学习的一定是自己喜欢的或者对自己有帮助的专业，在这种情况下，学习的效率一定会更高。

我们学习最终学的是什么？行之有效的方法论是很好的，但更重要的是学习思考的方式。虽说我们不得不面对应试的要求，但学习怎么在脑子里构建一个科学有效的思维路径是会让我们受益终身的。学习的过程本身就是让我们不断接近真理和本质的过程。

如果我们能明白在卡尔·霍夫兰的说服实验和斯坦利·米尔格兰姆服从权威实验中，权威是如何对受试者造成心理压迫进而改变自己的行为的，就能更加清楚为什么现在很多广告中都会出现穿制服的广告演员了；如果你读过保罗·拉扎斯菲尔德的《人民的选择》中对"两级传播"和"意见领袖"的论述，就能知道为什么厂家会不遗余力地找到更多圈层的红人为他们宣传产品了。

通过读书、学习，我们不仅能站在巨匠的视角看待问题，也会有意识地挖掘事物更加深入的层面。有的时候我们看不清事情的本质，是因为我们没有从更加本质的层面思考问题。我们会下意识地从别人框定好的选项里，选择一个看似更加合理的选择，而不会再进一步地思考有可能别人给你的选项中，根本就没有正确的答案。这就是陷阱。

破除陷阱的第一步，就是质疑。尽管由于社会规范的压力和某些信息上的不对等，很大一部分人都会发生从众的行为，但还是有人会一直坚持自己的想法，他们可能天生就是自我认同感很高的人，也可能原本就经常游离在团体和人群的边缘，对大多数人做的事情并没有强烈的参与感和认同感，还有一种可能，那就是他们通过学习明白了怎么辨别套路，继而避免自己掉入盲从的怪圈。

我们说拒绝消费主义陷阱，拒绝的究竟是什么呢？我认为是拒绝一种永远都在不停追逐的不满足感，我们不满足于当个打工人，想要赚更多的钱，想要更高的权力地位，而等到我们终于能买得起据说富豪都在使用的名牌，才发现富豪就算只穿一件 5 元的 T 恤他还是富豪。我们真正无法满足的原因是需要永远活在别人的话语体系之下，我们都羡慕精英阶层呼风唤雨的能力和他们制造流行的能力，但我们要搞明白的是：让他们发光的是他们本身，他们的头脑，他们的身体，他们所拥有的技能，而不是他们的穿着和打扮。

我觉得作为一个小人物，也有小人物的浪漫，按照自己喜欢的方式舒服地活着,没必要困在别人制定的标准里拉扯挣扎。我们拼命努力并不是为了活成别人的样子,而是在生命的某个节点,我们终于可以游刃有余地活出自己最心满意足的状态。

第四章

你可以不是谁的谁

不结婚就是不孝吗?

不结婚是不是就等于不孝顺?有过类似疑问的人一定经历过内心的挣扎。既然会在父母的意志和自己的意志之间如此犹豫不决,那么,我认为这样的人一定是个温柔的人,如果这么温柔的人都会被责备不孝,那么我们对"孝顺"的要求是不是太高了呢?

为什么如今越来越多的人会因为结婚的问题和父母吵得不可开交,有的甚至势同水火呢?婚姻幸福的父母大概率也会希望自己的孩子能找到下半生相携相伴的人;婚姻不幸的父母则会希望自己的孩子早点成家,找到属于自己的安稳生活。

父母总是能找出各种为我们好的理由:他们不喜欢当面夸奖你是为了不让你骄傲,他们在你喜欢漂亮的年纪给你剪了短发是为了不让你在学习的时候分心,他们在你交男朋友的时候强行给你转学是为了让你考个好大学,然而在你想要拼事业的时候却让你尽早找个人嫁掉。

你说你喜欢年纪小的,父母觉得还是大几岁的会照顾人;你说你喜欢有理想的自主创业的,父母觉得还是在单位上班更加稳定;你说你要找个有感觉的才嫁,但父母会觉得你很荒唐:"你都这岁数了,还说什么感觉不感觉的,我也不要求什么,你但凡能给我找个活的男人回来,我也不用在这里和你废这些话。"

很多父母之所以会在孩子结婚的事情上表现得歇斯底里,是因为他们本身也不知道如何在亲密关系中用最让人舒服的方式表达自己对孩子的关爱。他们已经习惯了用命令的语气对他们的"小尾巴"做出明确的指示,他们好像生怕自己的孩子听不懂自己在说什么,于是一遍又一遍地重复着指令,有些专制的父母甚至都不会给孩子沟通催他们结婚的理由,甚至不允许子女的反驳。

在催婚这件事上,大部分父母都达成了惊人的一致,子女在问到他们为什么觉得自己非要结婚的时候,他们大致会给出这么几条理由:

"你就别挑三拣四了,差不多得了,好的都让别人挑走了。"

"只有你结了婚爸妈才能算是完成任务。"

"岁数再大就找不着了,抓点紧啊,你怎么就不着急?"

"你王大爷的孙子都上幼儿园了,我也想抱孙子了。"

"人家都结婚,怎么就你不结婚,你知道别人会怎么看你吗?"

父母会觉得孩子到了一定的年龄,就必须对孩子履行催婚的义务,否则就是没有尽到做父母的职责。不管你怎么反抗都没有任何用处。

我觉得有一部分父母不是真的爱自己的孩子,他们急于从孩子身上拿回他们曾经付出的东西,我也支持在这种家庭里长大的孩子跟父母做好彻底切割,保护好自己。

但绝大部分催婚的父母还是深爱着自己的孩子,只是很多父母都用错了方法。这也使得如今很多人在遇到问题的时候,更倾向于去指责自己的父母,并打心底里认为自己所有的不幸、所有的挫折和痛苦都是自己的原生家庭造成的。其实我认为这样的做法对一部分父母来说是不公平的,说不定我们有些人只是和父母的性格不合,就会轻易地将一时的失意全都怪罪到父母的养育不善上。可如果我们在成年后还一味地将自己的某些失败归咎到父母身上,那么我觉得是不应该的,既然我们已经长大了,我们就已经拥有可以支配自己的力量,我们完全可以用自己身为大人的力量去修改过往,活成我们真正向往的模样。

父母是伴随着我们的成长一点点摸索着怎样成为我们可以依靠的大树的。他们也有困难的时候,他们也经历过失望和无助,他们会在我们深夜发烧的时候着急得不知所措,他们也会在我们吵着问他们要玩具的时候一边拉着我们坚决地走开,一边在心里恨自己为什么没有多赚点钱,给孩子买上他们喜欢的玩具。他们已经为我们挡下了大半风雨,偶尔也有忍不住想责怪我们两句的时候。他们也想成为循循善诱的好爸爸、好妈妈,跟孩子永远和谐亲密,可以做孩子的好朋友。

我认为父母不可能因为我们不高兴就停止催婚,因为催你早日结婚就是他们认为的对的事情,所以即使我们会因此讨厌他们,他们也不会就此妥协。而我们也不必为此烦恼,因为他们作为父母,给我们做出了很好的示范:那就是坚持你认为对的事情。

在催婚这件事情上,父母希望看到的并不一定是我们的顺从,他们希望看到我们幸福:要么我们能找对一个人,圆满地过完一生;要么我们足够有底气,潇洒地独自过完一生。

全职妈妈 VS 独立女性

电视剧《三十而已》里,女主角顾佳可以称得上是全职妈妈里的顶级配置了:她精致聪明,有主见,有手段,完全颠覆了所有人对家庭主妇的印象。于是很多人都觉得只要有能力,有想法,有自己的生活,全职妈妈就可以称得上是独立女性。

首先我想说说什么是独立,我认为"独立"是一个相对的概念,如果我们今天谈的是一个绝对独立的状态,那么其实就没有谈论的意义了,因为任何一个人都不可能撇开他所处的环境独立存在。马克思说过,人的本质并不是单个人所固有的抽象物,在其现实性上,它是一切社会关系的总和。人是社会性的动物,如果要谈纯粹的"独立",就否认了人的社会性。

我们所说的是一个相对独立的概念,主要探讨的就是在一段关系中,女性是不是处于依附和隶属的位置。一般来说,我们会从物质层面和精神层面去判断一个人在他所处的关系中，是否具有相对的独立性，而身处这段关系中的人对自己位置的认定和局外人所看到的两个人的关系状态有时并不一致，所以"全职妈妈是不是独立女性"并不是一道能直接得出答案的问题。

网络上经常有关于这个问题的讨论，它们总是把全职妈妈和独立女性放在两个对立的位置上，这实际上是围绕女性在家庭关系中的经济作用进行的争论。它之所以会引起很多人，尤其是女性朋友的关注，是因为不管对个人，还是对家庭来说，经济问题仍然是我们大多数普通人最关心的问题，而对于一个并不富裕的家庭来说，妻子能不能为这个家庭带来除了生育价值以外的经济价值，应该是很多丈夫更为关心的问题。

如果说女性的独立与否是一个相对的概念，那么，就需要判断在婚姻关系中，她是不是要处处都得依靠自己的丈夫才能生活。可一般而言，婚姻中的两个人在某种意义上都是需要相互依附的存在，功利一点来看，如果说生孩子和赚钱都是婚姻中的两人必须共同完成的任务，那么丈夫在需要借助妻子的子宫完成生育的时候，没有被批评是不独立的，到了全职妈妈需要丈夫赚钱的时候，怎么一下子就被认为不独立了呢？所以妻子在生下孩子以后，到底是因为靠着丈夫赚来的钱维持生活让她感到卑微，还是因为丈夫的冷言冷语或者态度上微妙的转变让她开始反思自己？为什么有的男人在妻子是独立女性的时候想让她去生孩子，而在她生完孩子以后，又马上嫌弃她不是独立女性了呢？

全职妈妈也好，独立女性也好，为什么非得分出谁更高谁一等呢？这可能只是同一个女性的两个生命阶段而已。我觉得女性真的是太容易共情和自我反省了，所以她们才会给自己设置很多思想上的障碍。如果你觉得小孩子需要妈妈的陪伴和无微不至的照顾，那就去当全职妈妈，毕竟孩子的成长是很珍贵的，错过了就是错过了，没有重新来过的可能；如果你觉得不想因为生孩子影响自己的事业发展，那就去当努力赚钱的独立女性，毕竟事业上升的黄金时期可能真的就只有那么几年而已，没有抓住这个机会，下一次机会可能就要再等很久了。当然在我们真实的生活中，大多数女性可能是没有机会做这样的选择的，她们必须在照顾孩子的同时，努力赚钱补贴家用，这就是一般女性在结婚以后需要面对的。

所以我们在探讨这个问题的时候，探讨的究竟是什么？

在电影《82年生的金智英》中，女主角智英为了家庭和孩子放弃了工作，一天中有12个小时都在忙于家务，只是因为在公园带孩子的时候买了一杯咖啡，就被路过的一个男人调侃："我也好想用老公赚来的钱买咖啡，整天到处闲逛的'妈虫'，真是好命。"

《三十而已》里的顾佳完全打破了全职妈妈给大众造成的刻板印象，可即使完美如她，到最后也遭到了丈夫的背叛。

前段时间，日本的一条推文引爆了网络，翻译过来大意是说在超市生鲜柜台前，有一个大爷数落着一个带着宝宝想要买土豆沙拉的妈妈，说土豆沙拉这种简单的食物好歹要自己做吧，为人母的怎么就这么懒呢？这个陌生的大爷骂完之后就走了，留下宝妈一个人拿着手里的土豆沙拉低着头站在原地。

还有条新闻，讲到有一个全职妈妈爬到十一楼的窗外想要轻生，民警上前劝解，才得知她想轻生的原因：她的孩子十六个月了，不会叫妈妈，只会叫爸爸；不会用吸管，只会用奶嘴，所以她的丈夫责怪她不教小孩，甚至还对她动了手。

如果只是因为手握更多的经济资源，就可以肆意指责和轻慢那些没有经济地位的人,如果只是一时占据关系的主导地位,就口不择言,如果金钱被当作唯一值得认可的价值观,如果学问、经历、见识、认知暂时不能变现,我们就粗暴地去否认它们的价值,我想这的的确确是一件值得我们所有人去反思的事情。

我希望终有一天,我们可以自由地选择自己的人生,而这种选择的权利是不被任何除自己以外的人"赋予"的,作为女性的你也能清楚地明白,作为婚姻中必不可少的一员,不要允许自己滑落到一个被审视、被评判的位置。如果有一天你的丈夫只会用挣钱的多少去估算你价值的多寡,那么也许你就该好好思考一下你们的关系了。

第五章

我们奋不顾身奔赴的,
可能是一个编织精美的陷阱

怎么分辨"花心男"?

有一次我和两个朋友出去吃烧烤,他们其中一个是程序员,也是很多姑娘口中典型的"直男"(下文简称 A),另一个是十足的情场高手(下文简称 B)。几杯酒下肚,我的朋友 A 先开口了,他说自己最近在追一个姑娘,这么多年也没做过什么,只是一直埋头努力工作,存钱买车、买房,还把平时省吃俭用攒下来的钱都用在了给姑娘送礼物、搞浪漫上。可后来他知道这个姑娘有过好几段情史就变得犹豫了,因为他觉得自己没有对方那么丰富的情感经历,所以在这个姑娘面前突然没了自信,于是在心里打了退堂鼓。不过他还是想强行挽尊,嘴硬地说对方虽然长得还不错,但他也没有多喜欢她。

看我们都不相信,于是他改口道:"好吧,就算我喜欢她,可我好像也给不了她什么。如果我对她表白,万一她不喜欢我,把我拒绝了，到时候我们连朋友都没得做该怎么办？"

他话还没说完，就被我的朋友B打断了："哥们儿，哪有你这么谈恋爱的？我跟你讲，首先，你自己赚的钱就应该往自己身上花。其次，就是不负责任，我说的不负责任，指的是所有的责任，不仅仅是恋爱里你应该承担的责任，别想着那么多责任不责任的，你要学着见人下菜，别对谁都掏心掏肺的，那些说着谈恋爱要真诚的，都是忽悠你们这些老实人的。打个比方，如果这个姑娘是文静型的，那你就要给她制造各种惊喜和浪漫，许下各种海誓山盟，怎么能让她感动你就怎么来，至于你许下的那些承诺能不能兑现是后话，你不用想得太远。你别跟我说，你觉得自己长得不够帅，身材不够好，钱不够多……搞个对象而已，你想那么多有的没的干什么？不试试你怎么能知道呢？她愿意是最好，要是不愿意，那你就换下一个目标啊，干吗死心眼，非要抓着一个不放呢？

"如果这个女孩是虚荣心强的类型，不过可能你不会觉得她虚荣心强，因为你们这种铁憨憨根本就不会承认你们喜欢的女神是个爱慕虚荣的人，你们只会骗自己，觉得女孩子都是爱美的，女孩子都是喜欢礼物的。但假如你遇到的就是这种女生，我劝你还是及时收手,因为你耗不起,也玩不过。要说怎么才能对付这种女生,其实也不是完全没有办法,她们最怕的就是无赖,正所谓'光脚的不怕穿鞋的',如果她一直花着你的钱还不跟你处对象,那你就让她见识一下什么叫'花心男',你整天去骚扰她,公开说她骗你的感情、骗你的钱,她们一般都会自认倒霉的。

"如果这个女生是个富家大小姐型的,也就是说她的家庭条件还不错,但是从小家教比较严,所以针对这个类型的女生,你就要给她新鲜感,注意千万不要惯着她,因为她身边并不缺惯着她的人。你最好半夜带她骑着摩托兜风,带她去爬山,去远足,去烧烤,你可以在某一次爬到山顶看星星的时候,强势地直接亲吻她的额头,然后再假惺惺流着眼泪跟她说对不起,'我很爱很爱你,可是你的家庭……我知道我配不上,所以我们分手吧'。这么做无非两个结局:要么就是分手,要么就是她不但死心塌地喜欢你,还会心甘情愿地给你花钱。"

听到这里,我的朋友 A 特别不服气,他很鄙夷地说道:"照你这么说的话,那女人都是那么肤浅,那么容易摆平的吗?"

我的朋友 B 反驳说:"我是来耍朋友的,摆不平就摆不平呗，摆不平我就直接换人，你以为我是奔着结婚去的吗？不就是谈个恋爱吗？你拒绝我，那我就继续换人啊，难不成要像你们一样因为被拒绝就整天心碎绝望吗？天底下的女人那么多，总会有人愿意吧。至于你们搞的纯情的那一套：什么对女人的尊重啊，对爱人的责任啊，为了以后好好过日子，张口闭口就是跟她讲道理，说什么都是为了性格的磨合，女人不生你的气才怪呢！我要是抱着这种心态，我就得一直单身了！"

我不知道你有没有发现，"花心男"所遵循的核心就是找个对象，为了得到你的同意，他在前期会对你百依百顺，他会尽最大可能去迁就你，让你有种跟他相处很舒服的感觉。但当你习惯了他的陪伴，并且慢慢爱上他，想跟他有个美好未来的时候，他除了给你画大饼、给你美好的承诺以外，不会付出任何东西。

正常男人在喜欢一个女孩子的时候，会考虑以自己的收入和家庭条件，他能为和这个女孩子将来可能组成的家庭买什么样的房子和车子。"花心男"就不一样了，当女人提出想要什么的时候，他都能满口答应，只不过需要加一个大大的前缀，那就是"以后"。

其实只要是一个正常的女人,她一般不可能喜欢花心的男人。然而我们的身边还是有很多这样的姑娘,她们明明发现自己遇到"花心男"了,也会一遍遍告诫自己斩断和"花心男"的联系,可到最后她们还是没有办法成功逃出"花心男"设置的甜蜜陷阱。就是因为女人并不是一开始知道对方是个"花心大萝卜"而喜欢上他,等发现对方是个情场老手时,已经身陷感情的泥潭无法自拔了。

那么,女孩子怎样才能从一开始就识破花心男人的伪装,避免受到不必要的伤害呢?我特地向我的朋友 B 收集了他的回答,总结出以下几个特征:

第一点,他们什么话都敢讲,而且喜欢装糊涂。

他们在刚开始和你接触的时候,就会在聊天中给你一个特别的身份,不过他们不会上来就直接叫你"老婆"或者女朋友,而是会暧昧地说:"如果以后我开了奶茶店,就让你来当老板娘。"每逢节假日的时候,他就会假装抱怨道:"怎么你出去旅游也不叫我啊?"如果你们不在同一座城市,他说话就会更加夸张,比如"我来你这座城市吧",总之,他们说话的态度都非常笃定。可只要你仔细一想,就会发现他们对你做过的所谓承诺都是目前无法实现的,并且他们说的这些话基本上都没有下文,不了了之了。

但只要想跟他的关系有更进一步的发展,提出和他见面的要求,或者暗示他可以成为你的男朋友,他就会故意装糊涂,打个哈哈绕开这个话题。而当你对他这样的反应失望难过的时候,他又会回来找你,继续跟你说着一些会让你产生误会的话:"晚安,记得梦到我哦",诸如此类。

第二点,不爱事先打招呼,喜欢临时约你见面。

他不会配合你的时间,他需要你配合他的时间。你可能会遇到这样的情况:当你约他出来吃饭的时候,他会找借口推脱掉,但是他特别喜欢突然对你提出吃饭的邀约,比如"我在你楼下,你出来吧",又或者"今天下午我们一起看场电影吧"。

有些女生会觉得他给人一种"霸道总裁"的感觉,于是会在不知不觉中慢慢沦陷,但是你一定要看穿他的套路,他这么做不仅是想要抱你上床,他还喜欢玩弄女性的自尊,并以此满足他的征服欲。如果在一段关系中,对方只为了满足自己的欲望而从不为你考虑的话,那么他是谈不上爱你的。

第三点,喜欢私下对你进行暗式性的试探。

如果你和他明明是普通朋友，他却会在和你网聊的时候有意无意地打一些擦边球，这招真的很值得警惕。一般来说，他会先给你讲自己的感情经历，说着说着就会把话题转到两性的话题上，这个时候他会观察你的反应，如果你没有表现出不适和抗拒，他就会认为可以进行更进一步的试探了。他可能在下一次和你见面的时候，不经意地和你进行一些肢体接触，如果女孩子还是没有表现出明确的反感，那么他就会继续进行下一步的试探……

这看上去就是正常情侣的交往过程，可它是存在问题的，发现了吗：这一切的前提是"你和他只是普通朋友"。即便你是一个爱和普通朋友开玩笑的人，在还没有确定男女朋友关系的时候，你会急切地想要和对方发生亲密的身体接触吗？

如果你想找个人认真恋爱的话，那么一定要提防那些急着和你发生肉体关系，却迟迟不愿意跟你确定情侣关系的人。不要轻信他嘴里的那些"都是因为太喜欢你了我才控制不住自己"的鬼扯，嘴巴是会骗人的，但身体不会。

第四点，永远不会对你讲真心话。

比起真心话，他们似乎更擅长讲一些模棱两可、故意让你进行对号入座的话。当你问起他的择偶标准时,他绝对不会告诉你他想要找一个多么漂亮、家境如何好、薪资水平多高的女孩子,他只会泛泛地说自己不过是想找个懂自己的姑娘,只要她人品好,和她在一起很开心就足够了。

"花心男"往往很了解女孩们爱听什么,所以这些话总是很容易就能说到女孩子的心坎里。于是你就会自然而然地自我代入,觉得你恰恰就是他所需要的人,而为了表现得你真的很懂他,你会开始绞尽脑汁配合着讲一些他感兴趣的话题,刻意迎合他的喜好,慢慢地把满足他的感受和需求放到了最重要的位置上。

第五点,不避讳自己有女朋友,甚至会故意把这个消息透露给你。

这是一个高段位的"花心男"才敢使用的技巧,他的厉害之处就在于他可以做到一边明目张胆地和你表白,一边还会对你坦白他已经有女朋友的事实,他会对你说"我好喜欢你,但是我已经有女朋友了"。

女孩子们一定要好好想想,他如果真的像他自我标榜的那么专一,他就不会跟你说出"我喜欢你"这几个字了。他告诉你他有女朋友,并不是真的想要跟你划清界限,而是想不负任何责任地继续与你交往,因为他已经清楚地告诉你"我喜欢你,但我也喜欢我的女朋友,而且目前我不会跟我的女朋友分手,接下来怎么做,你自己看着办吧"。

如果到了这个时候,你还没有发现他的真面目,反而陷入了一种莫名的不甘当中,甚至会自欺欺人地安慰自己:虽然他已经有女朋友了,但我还是可以只把他当成一个普通朋友,我们也不可能做什么,就单纯地聊聊天,也没什么大不了的吧。或者你被他的这套说辞蒙骗了,替他开脱:他应该不是个花心的人,陷在这样的关系里可能他也感到很痛苦,也许他的内心也很挣扎,说不定他会和女朋友分手,和我在一起。

你总觉得他和别的"花心男"不一样,他都跟你坦白自己有女朋友了,至少应该是个真诚的人吧?但事实真能如你所想吗?他如果真的喜欢你,他会让你知道他有女朋友吗?我想大概率是不会的,即使他没有办法悄悄和女友分手再跟你告白,也会在你提到这个话题的时候尽力避开。因为既然他喜欢你,就会想给你留下一个好印象,怎么可能主动引爆这个他拼命藏还藏不及的雷呢?如果他真的能对你说出这样的话,我觉得不要说喜欢，就连最基本的尊重都是没有的。

第六点，装可怜，装真诚。

和"花心男"聊天，你会发现他们都是很厉害的情绪调动大师，你一会儿因为他的甜言蜜语而感到非常受用，一会儿又因为他莫名其妙的责怪而变得情绪低落。

什么叫装可怜？比如："你怎么不理我了呢？""我这么喜欢你，我为你做了这么多，你这么做让我有点难受。"……而很多单纯的女生就会顺着他们的话去想是不是自己做错什么而伤害到了他，于是会对他生出一种愧疚感。

什么叫装真诚？比如说下雪的时候，他会抓一把雪花拍个视频发给你，说他想把家乡的雪分享给你。你以为是他在看到雪的时候想到了你，觉得特别浪漫，而事实上，他可能把这个视频同时转发给了好几个女生……

尽管拆解了这么多"花心男"的招数，我还是不得不说高段位的"花心男"在他们的目的达成之前是很难被轻易鉴别的。但是人在说谎或者在言不由衷的时候，多少会表现出一些不自然，而这种不自然的状态，通常你的直觉是会告诉你的。而当你的直觉给你发送了强烈的信号时，那么你就一定要注意了：

如果你觉得你们的相处太过梦幻,没有真实感,并且这让你有一种隐隐担忧的时候,有些问题可能就真的已经潜藏在你看不到的地方了,因为对危险的警觉,是我们人类长期进化遗留下来的本能。

无缝衔接

你知道比分手还要令人伤心的是什么吗？是发现原来自己忍着心痛让出的位置却早已被人预订，是发现原来自己不仅被无情背叛，还要被当成傻瓜愚弄。到底为什么要遭到这么残忍的对待呢？我不是不能体面地放手，你怎么就这么急不可耐地要把我所有的骄傲都狠狠踩碎呢？

可是说到底你的尊严、你的不舍、你们的爱和回忆对一个一早就找好下家的人来说，又算得上什么呢？

凯曾经是个情场老手，他说那些分手之后就能做到无缝衔接的人，有95%在分手之前就已经找好了即将上位的对象，和现任分手不过是个必须走的流程，为的就是让新欢名正言顺地上位。你可千万别认为自己能成为那幸运的5%，觉得自己的对象肯定没那么薄情寡义，不会为了新欢果断和你分手。那么，试想一下在分手之后的很短一段时间内就快速吸引到一名异性，并且迅速互相了解确立恋爱关系是一件很容易做到的事吗？我相信对一个普通人来说实现的难度是非常大的。

对于大部分普通人而言，如果你的对象在分手之后就立马找到了下一任，那基本上可以确定，在你们分手之前，他已经有了新欢。

于是我再一次问凯是怎么看待这种无缝衔接的人的，他笑了笑说："一般这些无缝衔接的人为了成功分手会找各种各样的理由，尤其是涉及对你的评价那部分，基本上都是无稽之谈，他说的每一句话、每一个字你都不要相信，因为他们没有说出他们要分手的真正原因，那就是他爱上了别人。他们说出的那些话甚至都不只是为了泄愤，更不是替自己所受过的委屈鸣不平，他们纯粹就是为了找个把你逼走的理由。"

他过去能够接受的，现在突然就不能接受了；过去觉得你可爱的地方，现在却百般嫌弃；过去不是问题的问题，现在就变成了值得大吵一架的由头。欲加之罪，何患无辞？他为了逼你走，是可以找出一大堆拙劣蹩脚的借口的。

而在这个时候，如果你感觉到了委屈和愤怒，想要和他争辩，那就正中了他的下怀。你因为一时说了几句气话，他就正好反咬一口："你看你看，我说了你还不听。""你这个人从来都不会从自己的身上找原因，我跟你没有办法沟通，你要还是这个态度，那咱俩就真的没办法在一起了。"

看到了吧，男人的精明和冷血就在于此。这件事明明是他做错了，是他见异思迁，是他始乱终弃，但他就是不会老老实实地承认是自己的问题导致了你们关系的破裂，反而会没事找事，故意制造矛盾，然后借着自己挑起的争吵把你从头到尾否定一遍，只为了让他自己的良心得到安慰——这一切都是因为你不好，才导致他选择了别人。

但他鸡贼的地方不止于此，尽管他会不停地告诉你是你不好，是你有问题，是你配不上他，但他不会主动去提分手，他宁愿跟你吵架，对你使用冷暴力，他宁愿被你扯着，一遍又一遍地被你追问"你到底是什么意思"，也不会轻易提出分手。

所以，我想告诉遭到这样对待的姑娘们，醒醒吧！如果问题真的在你，他会理直气壮地提出分手，他之所以不跟你提出分手，是因为他担心他一直以来苦心经营的美好人设崩塌。

所以他们的办法就只有一个字："拖"。他就是要硬拖，拖到你无法忍受这段关系,然后主动提出分手,在分手的目标达成后,他反而会装出一副非常不舍的样子:"真的好遗憾,我完全没有想到我们会走到这一步……可如果你坚持要分开,那我们就分开吧。"而事情到了这一步,他再去找一个新的对象,一切就显得合情合理了。

我希望当你明白了善于无缝衔接的人内心是怎么想的以后,不再因为他的错误去伤害自己。或许你在这段关系里确实有些做得不好的地方,但这些不足根本就不至于走到分手这步。如果那个曾经疼你爱你懂你护你的人,如今却为了新欢让你主动提出分手,处心积虑地把你逼到情绪失控,甚至诱导你进行自我否定,让你觉得自己是不是配不上这段感情,迫使你做出分手的决定,那么我认为他真的是一个既自私又懦弱的人,他无非就是想把自己的所有错误强行推到你的身上。而倘若真的如他所愿,到最后你真的觉得自己也是有错的,那我觉得自始至终你犯的错误只有一个,那就是:你看走了眼,错看上了他。

遭到冷暴力该怎么办？

我不知道好聚好散的分手能不能给曾经相爱的两人造成最小的伤害，但我清楚地明白一段结束得不明不白的恋情给人带来的绝望会让人痛苦很久。

小朵曾被她的前男友冷暴力对待过，她当时不知道究竟出了什么问题，于是给男友发了一条信息，问想不想继续和她走下去，她想知道对方是不是认真地对待这份感情。

但对方没有任何回应。

她等了很久，试着给他发了语音。

仍然没有得到回应。

身在异地，虽然当时已经是凌晨，但她完全没有睡意。她一遍一遍地回想起和男友过往的点滴，不禁觉得孤独沮丧。

到了第二天，她依然没有收到男友的回复。

她没有办法忍受男友这样的无视,终于还是不争气地打电话给他。

男友仿佛什么都没有发生,就好像从来都没收到过她发的信息。

她也只好假装什么都没有发生,甚至责怪自己太过敏感,只是没回信息而已,自己真不该小题大做。

但她的谅解并没有换回男友的温柔对待,她很快就遭到了变本加厉的对待。

这一次她主动打电话给她的男友,并连续发送了十几条信息,她不再奢求什么,也默默做好了体面分手的准备。

但得到的只有几句冷冰冰的回复。

她说她只是想真诚地和他沟通,想听他说几句心里话。

但男友突然反过来责怪她太过咄咄逼人,并说自己现在不是很舒服,不想跟她继续说下去了。

整整三年的感情,小朵花了整整一年的时间才完全走出来。

在那一年里,她无数次崩溃,无数次地否定自己,她想不明白自己到底做错了什么,一千多个日夜的陪伴,到头来自己甚至连一个郑重的道别都不配得到。她所有的委屈和不甘都像被扔进了深不见底的黑洞，即便她无助地用力嘶吼，周围也依然是死一样的寂静。只有遭遇了冷暴力的人才会知道，对方冷酷的无视足以抹杀一切你曾在他世界里存在过的痕迹。

你要知道，冷暴力本质上不关乎爱，它体现的是一个人的思维习惯、行为模式和他的人品。在和别人产生矛盾的时候，有的人喜欢争吵，有的人习惯性退让，有的人选择沟通，但有的人直接逃避。他们无视你的情绪，任由事情往更糟糕的方向发展下去。遇上这种人，我真的希望你能远远地躲开他，无论他身上有多少你喜欢的东西，独独这一点就能让你走上一条寂寞无助的不归路。

喜欢使用冷暴力的人往往有以下这四个特点：

一、极度自我

善用冷暴力的人只考虑自己的感受，完全不在乎别人的感受，尤其是关系亲密的人的感受：我现在不想说，我就是不说，我管你？和这种人相处，你会觉得非常憋屈。

二、严重缺乏责任心

他们根本不想对你负责，不想对你们的关系负责，不愿意承认你的痛苦是他带来的，跟这样的人生活，就是对自己的不负责。

三、严重缺乏同理心

他们为人冷漠，基本没什么共情能力。试想在日常生活中，我们就算看到一个陌生的人在哭，都会觉得有点于心不忍，况且你是他女朋友呢？哪怕让他说一句"我现在很烦，你给我几天时间冷静一下可以吗"都很难。他们根本就没有同理心，更谈不上心疼你了。

四、在感情里不受约束

他们有很强的逆反心理，根本不会把你的话放在心上。他所秉持的原则就是"你说你的，我做我的"。他们是不会被亲密的人所轻易左右的，而且这种人在今后出轨的概率会非常大。

使用冷暴力的人明确地知道对方在等待他的回应，但他就是不愿去满足对方的期待，这实际是一种对对方的变相侮辱，你和他长时间地相处必然感到非常压抑，因为你永远要处于一种等待的状态中。

也许你会认为他们只会对不爱的人使用冷暴力，在面对爱的人时他们是不会这样的。但其实任何一段关系不管最初如何如胶似漆，十几年后，都很难不沦为相看两厌，这似乎是所有爱情的共同归宿。生活的本质就是粗糙的，爱情也是，两个人能够走到最后，仅仅依靠最初的那点感情是根本不够的，它依靠的是两人的共同成长，是对彼此的理解和责任心。

我听过一个和老伴婚龄超过 40 年的老人这么说过："我的妻子，她在人生巅峰时期选择了处在人生低谷时期的我，我当时就下定决心，要对这个女人好一辈子。"

两个人能不能长长久久地走下去，说到底靠的还是良心。如果你面对的那个人连想要好好修补你们关系的正确态度都没有，你还能指望和他有个完美的结局吗？千万不要自己骗自己，现实就摆在我们眼前，而对方的态度也很明确。

而更令人难过的是，这些冷血自私的冷暴力者似乎特别擅长在人群中精准地找出那些有温度、懂感情的另一半，而在他们找上你的那一刻起，真正的"围猎"和"绞杀"就已经开始了。他贪婪地汲取你身上的热度，等你的温情被消耗殆尽，他就恢复了从前的铁石心肠，急切地去寻找下一个"猎物"了。而你则在他忽冷忽热的态度中产生了深深的挫败感，在他一次次突然的消失后变得歇斯底里，也在他阴晴不定的态度里不停地自我消耗。你根本想不通为什么会遭到这样的对待，你想问对方要个答案，但对方根本就懒得理你。他对你早就没了兴趣，你的妥协换不来他的回心转意，你的自尊也通通被他踩在脚下。

那么要怎样对付这样的冷暴力者呢？

要么比他更加强硬，要么忽视他所谓的情绪操控。

如果你是个狠人，那就在他开始尝试否定你的时候立刻反击回去，千万不要表现出一副受伤的样子，若如此，他的目的达成，就会进行下一步令人不齿的试探；如果他开始尝试无视你，千万不要可怜巴巴地祈求他的关注，既然他已经开始视而不见，而且看上去在短时间内也不会改变，那你就把舞台让给他，供他表演，要知道既然他要唱戏，就当然需要一个全情投入的观众，而如果你只是冷冷地看着他，还时不时发出几声嘲笑，或者选择直接退票，他这场大戏八成也就唱不下去了。一次屈服，步步退让，这道理对他也同样适用，彻底地治他一次，不要惯着他的臭毛病，大不了就是分手。他都不跟你讲感情了，你干吗还想着他对你的那一点点好？更何况能有多好？就凭着他上下两片嘴唇碰一碰，说几句好听的话吗？他为你做过什么呢？他许下的诺言都做到了吗？还是他根本连诺言都不舍得给你？

还有一个对付他的方法，其实也算不上好方法，而且也不一定适用于所有的人，那就是如果你神经大条到根本感觉不到他对你的忽冷忽热，可能你也能和这个冷暴力者长久地走下去。也就是说假如你能常年稳定而炽热地燃烧自己，根本感受不到他给你带来的温度的变化，那他的那些小心思、小诡计就压根儿不会起到他预期的作用。当看到你不会因为他的几句夸奖而兴奋不已，也不会因为他突然的冷淡而无比失落，相信我，崩溃的会变成他自己，也许还会让他产生深深的自我怀疑。当然，出现这种情况，有种可能是这样的两个人根本就不属于同一层级，不管在见识、认知和格局上，冷暴力者都差得很远，他应该更担心自己被看穿，被无情抛弃；而也有可能对方就是一个完全不敏感的人，他们天生粗线条，也不在乎别人情绪上的变化。但不管是哪种情况，一个人能从冷暴力者身上获得的温度都非常有限，而如果你只是一个普通的想要得到呵护和爱的人，我劝你还是在发现有任何不好的苗头时就及时止损，因为跟这样的人耗下去真的一点也不值得。

为什么被人反复伤害?

我曾收到一个女生的私信,她说她的男朋友对她说,要是结婚以后她和婆婆顶嘴,不管是谁的错,他都会扇她耳光,末了,她问我要不要和那个男人结婚。

我突然意识到,在我们的现实生活中仍然有很大一部分女性会在感情中遭到另一半的暴力对待,而且这种暴力并不是偶发的,它会反复地、持续不断地摧残着女性的身心,甚至会给下一代造成难以抹去的阴影。但就像所有的伤害和欺骗一样,暴力也并不是从一开始就会赤裸裸地暴露在你的面前,它会从言语暴力开始,让你一步步地沦为对方发泄私愤的工具。只是因为施暴者对自己的人生失去了控制,只是因为他在两个人中是拳头更硬的那一个,只是因为他知道对方不会对他造成任何伤害,他就无所顾忌地把对这个世界的愤怒狠狠地砸在一个比他更加无助的伴侣身上。

就像那位女生在私信里提到的,不管是谁的错,一旦你和婆婆顶嘴,你就是一个不孝的人,而作为一个妈妈的好儿子,我一定会替天行道,好好教训你这个不懂规矩的东西。

我相信这位女生如果真的遇到她的男友所预测的这种情况,那个耳光是一定会落到她的脸颊上的,而且不只是耳光,拳脚相加也是很有可能的。这种警告听来真的让人血压飙升,但细细想来,又让人感到不寒而栗。

首先,他说"不管是谁的错",也就是表明了他的态度,他根本不在乎是非对错,也不在乎你是否会受到委屈。如果他的母亲有着至高的家庭地位,那么在他们家的权威面前,你就要做到无条件地顺从。这也说明了当你的利益和他们家的利益发生冲突时,他一定想都不用想,直接选择站在自己家人的那一边。

其次,他说"他会扇你耳光",这句话说得有多嚣张啊,不管是不是你的错,他都会惩罚你,而且他偏偏选择了最伤人自尊的方式惩罚你。他现在和你仅仅还是恋爱的关系,就能这样大放厥词,你觉得他对你是尊重,是爱,还是心疼呢?

不管是开玩笑试探也好，是郑重其事的警告也好，他已经向你预告了"他会扇你耳光"的暴力行为。既然他已经说了他要打你，而你也没有提出任何反对和不满，那么对不起，你就不能怪他到时候真的对你动手。这是何等的肆无忌惮啊！

我们且不说他究竟是不是个"妈宝男"，单单像他说的那样，他把暴力行为说得这么直白自然，尤其是他想在一个跟他力量悬殊的女人身上使用暴力，这绝对是一个值得警示的危险信号。有的事情，越早发现越好，及时切割，才能避免给自己造成更大的伤害。

幸福的婚姻都是婚前认真，婚后糊涂，结婚之前，一定要明察秋毫，不能让步的地方就要强势地坚守底线，明确自己的立场，决不妥协。如果你婚前就可以一再包容忍耐，那么结婚之后，不管是言语上的冲突，还是经济上的矛盾，只要你不顺着他的想法来，等待着你的可能就是一顿毒打。

可他是不会放过你的。你捂着流血的伤口，整个人被无限的恐惧包围，旁边的孩子也被吓得瑟瑟发抖，你绝望地想要一走了之，但那个施暴者又会跪在你面前，痛苦地忏悔自己的过错。他说他也不想这样，但他真的控制不了自己，你能不能帮帮他？他真的很爱你才会这样，求求你，不要离开他。如果没有了你，他要怎么活下去？他一定会痛改前非，下次再也不会发生这样的情况了。请你再给他一次机会……

看着他真诚的眼泪，再看看年纪尚小的孩子，你心软了，你觉得你能用爱感化这个男人，于是决定再给他一次机会，也给你们彼此一次机会。

但你错了，一个加害者，不论他如何巧言令色，都不能掩盖他是加害者的本质。在下一次施暴的时候，他仍然会亮出獠牙，恶狠狠地咬住你。在那当下，他心里没有你的爱和你的宽恕，你只被当成一个好用的人肉沙包。如此循环往复，只要他在你身边，噩梦会永远伴随着你。

在今天的社会中，有很多女性依然长期遭受着来自另一半的暴力，而在其中，我们看到了很多恶性的杀妻案件。所以我真的想说，真的不要再纵容你们暴力的另一半，因为你对他的纵容，会把你逼上绝路。如果当初那个说为你遮风挡雨的人，如今却成为你的风雨，那我真心地劝你，天下之大，放自己一条生路，有的时候，失去那个人，一定会胜过失去自己。

一次失败的感情对人的影响

不得不承认一个事实：当你遭遇过一段失败的感情，它一定会给你留下阴影。因为安全感这道屏障一旦破碎，你会觉得所遇之人皆佩利刃。

失恋对一个人最大的伤害就是让人心有余悸。让你痛苦的并不是那个人让你浪费了多少时间和真心，而是你从此以后都会变得小心翼翼，再也不能像从前一样毫无保留。以至于后来你再次遇到心动之人时，你不再大方上前，反而变得犹豫不决。

如果你陷在一段失败的感情中迟迟走不出来，你知道自己会变成什么样吗？我根据多年咨询的经验，总结出来访者的七个主要表现：

第一点，你的身体和容貌会快速崩坏。

一段好的感情可以让人得到滋养，但失恋会让人变得憔悴。在失恋的那段日子里，你可能吃不下任何东西，你睡不着，一闭上眼睛，你们的过去就会翻江倒海地涌来，眼泪不受控制地掉下，直到沾湿了整个枕巾。长期的失眠和厌食可能会让你的皮肤变得粗糙，脸上会出现黑眼圈和重重的眼袋，严重的话，还会出现脱发的现象；你也有可能会变得暴饮暴食，你机械地将食物一口一口地塞到嘴巴里，却不会有任何饱腹感，也不会让你胸口疼痛的感觉减轻半分。如果一直处在这样的状态，你的身体一定会从内到外全线崩溃，所以很多时候，学着积极地和过去告别，其实是在救你自己的命。

第二点，你的性格会向不好的方向发展。

长期不稳定的情绪会让你变得敏感易怒、多愁善感、抑郁焦虑、悲观消极，或许你曾经是一个活泼热情的人，但是长期处在不健康的关系里，不论你曾经多么热情活泼，都禁受不住这种经年累月的摧残。

第三点，你正常的人际交往会受到影响。

你越是处在压抑痛苦的情绪中，就越是想一个人待着，久而久之，你会不自觉地远离人群，更加没有办法积极地摆脱一段失败的感情给你造成的阴影。你早已自顾不暇，又怎么能顾及得了其他人的感受呢？你把自己逼到墙角，也抗拒所有想要接近你的人。

第四点，工作和事业都会受阻。

尽管你并非有意，但你消极而善变的情绪还是会被带到你的工作中去，需要你往上冲，去抓住机会的时候，你反而畏难逃避。而且不仅仅是主观情绪上的问题，你的智力和记忆力也会下降，你的注意力变得很难集中，工作时变得无法投入，长此以往，你的业绩会下滑，领导的责难、同事的排挤都是必然的结果，很多人在失去爱情之后，往往对自己的工作和生活也变得灰心丧气。

第五点，爱情观的改变。

一段不好的恋爱关系有时会对人造成一辈子的影响，有的人因为一次失恋，从此对待爱情就无比悲观。他们没有办法放任自己再一次无条件地去相信另一个人，也很难继续轻易地投入到另一段感情中。他们为了保护自己，不允许自己爱上任何一个可能会给他带来伤害的人，他们不敢去探索，更不愿意去争取一段可能发生的爱情。

第六点，对自我的否定。

一段好的恋爱走到分开的那一步，即使让人痛苦难过，也会让曾经身处其中的人感到有所得，但如果你在这段关系中觉得自我受到严重的压抑，长期被冷漠对待，即使你离开了这段感情，还是会感到深深的自我怀疑。你越是卑微，越是觉得离不开那个人，你对对方就越没有吸引力，到最后被对方厌弃，反而会让你觉得自己根本就不值得被爱。

第七点，让对方再无回头的可能。

如果你不能振作，无休止地作践自己，很可能会让已经分手的前任更加看不起你。如果他会因为你哭、你崩溃就能和你和好如初的话，你就不用经历这些后来的反复折磨。要记住，爱情始终靠的都是吸引，你放任自己魅力尽失，他就更加不可能回到你的身边。

我在做咨询的时候，听很多失恋的人讲过他们不愿意放手的理由：

有的人说自己已经付出了那么多，如果现在放弃，那么之前所做的都会付诸东流，那样真的很不甘心。

聪明的人都知道及时止损，而不看清形势就不断增加筹码的人只会输掉所有。就像赌博一样，在一场赌局里你先赢了10万，随后你又输掉了10万，但你不甘心，继续往里面砸了20万，如此继续，直到你最后输得家破人亡，还是不服地认为你一定能抓到翻盘的机会赢回所有。

然而现实往往不会如你所愿，你要更加理智地去计算，在一条错误的道路上倒退，那你就是在进步。如果你还想拿未来去赌的话，那么最终你可能会一无所有。

还有人说，担心错过这个人就找不到更好、更喜欢的了。其实对我们来说，一生会产生很多次诸如"喜欢""爱慕"的感觉，我们也可能会爱上很多人，无数次陷入爱情，否则就不会有那么多见异思迁的悲剧故事了。你能不能找到更好的人，完全取决于你能不能变成一个更好的人。

在《奇葩说》里有这么一段话，马东说："随着时间的流逝，我们终究会原谅那些曾经伤害过我们的人。"而蔡康永说："那不叫原谅，那是算了。"如果这段爱情不会再变好了，那么至少让你的生活好起来吧。而如果你想开始自救，相信我，你一定能把自己从这段失败的感情里拯救出来。

首先你要记住的就是，该对自己狠的时候就千万不要手软。

那要怎么做才是狠呢？

在你们刚分手，并且你还爱着对方的情况下，先删掉所有与他有关的照片和聊天记录。不过，很有可能在你下手之前，就发现自己已经被对方拉黑了，那么很好，你不必再有任何的犹豫，直接把他删掉就可以了。

你会难受、会痛哭，但你要记住，千万不能因为难过就去找他，他送你的东西，能用的就留下或者送人，不能用的就陆陆续续地丢掉。我知道比起他送的东西，你更害怕丢掉这些东西带给你的回忆，如果这些回忆也都没有了，那你们的这段感情就真的结束了。可你们本来已经结束了，不是吗？

我知道，分手之后你肯定无数次地想起他，无数次想要主动找他。你知道他的家在哪里，你背得出他的电话号码，你知道他朋友的联系方式……我知道你有无数种方式可以找到他、见到他。但是不要那样做，即便这个时候你心痛得要死，但你要忍住，因为他已经不再是从前那个和你最亲密的人，你现在对他来说，已经完全成了一个唯恐避之不及的存在。

所以不要再去找他，哪怕你找个人骂你，也好过主动去招前任的骂好。你去问问你最心直口快的好朋友，你和他还能和好吗？他还能回来吗？你只要一难受，就去问问朋友，来回几次，朋友一准会被你问烦，肯定会把你臭骂一顿。当你听到朋友一次又一次地否认：人家根本就不爱你了，早就已经对你没有感觉了，人家现在过得特别好，早就把你忘了。人家分手了跟没事人一样，听说最近还跟另一个人好上了……

　　有刺痛的感觉吗？有就对了，记住这个感觉。每当你开始回忆你们美好的曾经，就想想这个感觉，再想想他曾经对你的羞辱，想想他曾经做过让你尴尬的事情，摘掉恋爱时你对他的滤镜。如果这样都不能让你死心，你还是会翻看他的 QQ 空间，他的微博，他朋友的微博，甚至他现任的微博。那么就请你把这些程序卸载。

　　如果你说卸载后你还会下载，那么没关系，下载后再删掉，要是删完之后你还要下载，那么你就一直删，一直下载，直到你不再那么频繁地刷微博，也不再总惦记着去看他朋友那里搜寻他的消息。虽然我知道在一段时间里，你会习惯性地想要知道对方的消息，但只要你想起他的时间间隔慢慢变长，对你来说，就是一种胜利。

　　如果条件允许，之前舍不得买的东西就去买，之前想做的事情就去做，之前想去的地方就去。如果这个时候没有人对你好，那就好好对自己。再也不需要因为迁就他，搞得自己束手束脚。关注自己的身体，多去户外呼吸新鲜空气，也可以去健身房做无氧运动。多回家看看，给爸妈做几道菜，陪他们侍弄侍弄家里的花花草草。

如果你还是无法释怀，你不明白他为什么就是死活要跟你分手，去跟他闹一顿也是好的，至少撕破脸后，你对他就再无留恋，但最好还是带个帮手，不要让自己吃亏。

可其实又有什么好问的呢？在你心里早就有了答案：异地恋的时候，每次主动联系他的是不是你？每次吵架冷战，主动求和的是不是你？你是不是心疼他，舍不得他给你花钱，每次都想办法用等价，甚至更高价的礼物还给他？每次见面约会精心打扮的是不是只有你？而他总是一副邋里邋遢的样子？提分手的是不是他？是不是你苦苦挽留，还是被他不耐烦地甩开？

如果这些都想清楚了，那就没有什么好问的了。你大可不必一直纠结到底是哪个环节出了问题，你只需知道，他已经不爱你了。

他在跟你提出分手的那一刻，就已经认定了——对他来说，没有你比有你更好。可能他曾经很需要你，但他现在变了，他的需求也变了，他已经不再需要你了。可能他一开始就是假装需要你，现在装累了，所以把你甩了。可能他本身就是个喜新厌旧的人，你对他来说已经是个"旧人"了，所以他去找新鲜感了。他说的性格不合、看不到未来、父母不同意、在一起太累了都是鬼话，但他有句话一定是说得对的，那就是他配不上你。

连分手的真正原因都不敢告诉你，这么虚伪的他，一定配不上真诚的你。所以不用替配不上你的人感到惋惜，错过你只能是他的损失。你根本不用觉得是自己不好，因为需要改头换面，变得更好的人是他。

我不希望你们在一个不值得的人身上继续浪费生命，因为我见过很多苦苦纠缠而不得善终的人，我见过有了新欢还去骚扰前任的人，我也见过多年过去依然对前任念念不忘的人，他们都是一时对自己下不了狠心，反而生出了更多的怨念。

就像我们需要经历苦难，但不必感谢苦难一样，就算我们的情感难免经历波折，但也千万不要感谢那些让你经历糟糕感情的人。你要感谢的是你自己,是那个被伤害后依然能靠着自己的力量站起来的自己。如果人生的伤痛注定是无法避免的,我希望你在最绝望和最冰冷的时刻,仍旧能给自己一丝温暖,你要相信,只要你不向苦难妥协,它们就永远不能使你屈服。

第六章

纵使爱有时差,
也会有对的人坚定地走向你

如何判断一个人喜欢你？

喜欢是什么？

我不吃太过油腻的东西，喝酒从来不会超过五分醉，再好看的鞋，只要不合脚，我都不会买，不说太满的话，做事都留有转圜的余地，但唯独在喜欢你这件事情上，我愿意丧失全部的理智，义无反顾换取你我一个不可知的未来。

那些包装精致的完美外表和严谨幽默的从容对答都只是漫长的岁月对我们的刻意训练，只要不动心，我们就能游刃有余地计算得失、权衡利弊。就像太宰治在《人间失格》里写的，如果我们"日日重复同样的事，遵循着与昨日相同的惯例，若能避开猛烈的狂喜，自然也不会有悲痛的来袭"。一直不喜不悲地生活，没有热烈的期待，就不会有期待落空的失望和求而不得的痛苦。我们一直以来所做的都符合我们利己的本能，但喜欢一个人却似乎有悖于我们的理性：

吝啬的人肯为了心爱的人变得大方，急躁的人可以在喜欢的人面前温柔耐心，忙碌的人无论如何都会抽出时间给想见的人。因为喜欢，人们会褪去无懈可击的坚硬躯壳，暴露出满是破绽的百转柔肠，会为了另一个人的开心而开心，也会为了他的难过而难过，会计较他回复信息的速度，也会因为害怕他误会而拼命解释。

人一旦喜欢上了另一个人，情绪就会不自觉地被对方牵动，即便知道喜欢别人胜过自己是一件非常危险的事情，即便知道自己的生活可能会突然朝着不可控的方向狂奔，即便知道自己陷在一段关系里的样子一点都不酷，但这又有什么关系呢？我们依然会为了胸口涌过的暖流而默默守候一个让你驻足的人，不为别的，只为遇到的那个人能让你轻易地卸下所有防备，重新回到孩子一样的纯真状态。

喜欢是强烈的欢喜，是突如其来的悸动，是漫长的思念，也是手足无措的笨拙。

你喜欢吃草莓，就会毫不犹豫地把它买下来；你不喜欢吃香蕉，即使我告诉你香蕉也是有益健康的水果，可能你最终也不会把它买下来。对真的喜欢的东西，我们一向都是简单而直接的，而对不那么喜欢的才会考虑再三、分析利弊。

所以喜欢是需要理由的吗？也许是需要的：可能是因为她笑起来弯弯的眼睛，可能是因为你难过时她温情安静的守候，可能是因为她的身上总有一种淡淡的香味，也可能只是因为那天阳光正好，她坐在阳光里让人心生暖意……也许喜欢其实根本就不需要任何理由，只一个对视，电光石火间就有了心动的感觉——真的喜欢是藏不住的，身处其中的人一定是能感觉得到的。如果需要你绞尽脑汁，一条一条地罗列线索，用来证明一个人对自己的喜欢，我不知道你在这些细碎的蛛丝马迹中能不能找到对方隐藏的真心，但这无疑会让你陷入患得患失的情绪黑洞里。

且不说这些似有若无的证据，就算对方大方告白，那就是真正的喜欢吗？而那些已经在一起的情侣，又有多少是真心地喜欢着对方呢？曾经有个女孩子向我哭诉过她的遭遇，她说自己的男朋友从来都对她漠不关心，对她没有一点疼惜，每次她因为这个原因对男朋友发脾气，换来的都是对方的冷漠对待。她很困惑，当初明明是对方主动追求自己，为什么却变成现在的样子？那个曾经温暖她，为她制造各种惊喜和浪漫的男人为什么让她觉得那么陌生？是爱消失了，还是她做错了什么？我替她不值，却也不得不告诉她事情的真相：并不是原来有多爱，现在不爱了，而是可能从一开始，她的男朋友就没那么喜欢她。

这个女生是不愿相信的，但后来我见到了她的男朋友，他告诉我他确实最初就没有多么喜欢这个女孩子，他说和男人不同，女人在感情上确实要慢热一点，她们总是先冷后热，只要对一个男人没有讨厌的感觉，而这个男人又能长久地陪在这个女生身边，用自己的坚持去打动她，得到她，那么她就会离不开这个男人。当她习惯了你的好，即便你对她越来越差，让她伤心难过，她也不舍得轻易地离开你，她反而会开始为对方改变自己，甚至会怀疑自己是不是本来就不配得到更好的对待。

我不理解男生为什么会主动追求没那么喜欢的女生，他说就是喜欢被人喜欢的感觉：喜欢一个人是谁都可以做到的，但通过努力让别人喜欢上你，这才是值得炫耀的事情，更何况这种别人眼里的"努力"，在他看来其实根本不值一提。他说他曾经追到过一个认识了很多年的女生，但其实他也没做什么，只不过经常和那个女生聊聊天，每天道个晚安，没事的时候出来吃个饭，对那个女生，说不上有多么喜欢，最多算是个熟人而已。而这一切在女生那里却是另一个版本：一个苦苦追求自己多年的男人，终于用他的坚持不懈感动了她，她为了他这么多年始终不变的默默关怀而跟他走到了一起。

那么，到底付出什么才配得上"喜欢"二字呢？我们一定要看看对方愿不愿意付出自己的稀缺资源，比如，有钱人的时间，普通人的金钱，脾气暴躁的人的耐心……可很多人却不明白这样的道理，为了一些本就不存在的好，渐渐迷失了自己，放弃了不断提升自己的机会，为一个本就不值得的人自我拉扯，有的人甚至走向万劫不复的深渊。很多时候我们缺乏的并不是魅力，而是承认对方不喜欢自己的勇气。自我欺骗在感情中实在是太过常见的事情，听从自己的感觉：如果一个人让你有了不好的感觉，那么这人一定不是真的适合你的人。我们的真心只有一颗，请只给珍惜它的人。

怎么追一个人最高效?

有些人在年纪很小的时候就会在恋爱这件事情上无师自通,但恋爱这门课没有考试也没有教材,很多人都不得其法,因为年少的懵懂没有跟喜欢的人走到一起;也有些人选择被动等待,到最后只能默默错过喜欢的人,回想起来,都是遗憾。所以当遇到喜欢的人时,我们怎么才能为了这份心动去努力一下呢?可以看看以下七点:

一、不要心急,伺机而动

纪录片《动物世界》中,猎豹将羚羊锁定为目标之后,不会直接扑上去,它会按捺自己的冲动,先认真地观察猎物,然后再伺机而动。同样的道理,当你决定去追求一个喜欢的人时,也要先让自己保持冷静,如果时机还不成熟的时候就表现得特别热情,大概率是会把对方吓跑的。

二、增加接触，循序渐进

人和人的交往都会有一个慢慢熟络的过程，而对于习惯了冷静克制的成年人来说，经历了越多社会的打磨，就越擅长对节奏的把控。他们深知在一段关系中同频的重要性，所以不会肆无忌惮地横冲直撞，而会适时地进退，把两个人的距离调整到舒服安全的范围内：你给我点个赞，我就回你个小爱心；你主动找我，我就送你个热情的留言。

在不断的沟通和交往中，更加全面地互相了解，判断两人究竟合不合拍，同时向对方展现更多面的自己。其实能不能和对方走到一起，靠的不是你单方面的热情和真诚去感动对方，你需要让对方看到你身上的闪光点，让对方看到你的价值，让对方觉得和你在一起是一件美好的事情。感情从来不是乞讨和怜悯，任何关系都得建立在平等的基础上。

三、转移视线，间歇抽离

有时候人会陷入一种迫切想要得到的情绪里，这种情绪不断累加，就会变成一种执念，这不仅会给我们自身带来痛苦，也会让对方感受到巨大的压迫感。

其实你大可不必把所有的注意力都放在一个人的身上。不管怎样，TA 都只是一个可能的选项，尽管心动是很美好的，但你终归还是有更重要的事去做的。你需要表达自己对对方的喜欢，可也要让对方感觉到，除 TA 之外你还有更多的喜欢和热爱。

四、适当打扮，保持清爽

人都是视觉动物，都更倾向于喜欢漂亮美好的事物，尽可能打理一下自己，让自己保持一个良好的形象有助于一段关系的建立。选择一款自己喜欢的香水，在细节上设计更多只属于自己的独特风格，给别人留下更多的记忆点，让人觉得你是个有别于其他人的存在。

五、找对方帮忙，创造机会

可以找对方帮一些小忙，让对方帮助你，对方很可能会更加喜欢你。如果你是个大学生，你可以问问喜欢的人关于课业方面的问题，而你也可以抓住机会，给他带点小零食或请他吃饭作为感谢，接触的机会增加了，慢慢地你们就会有更多可聊的话题。

不过，如果是太过麻烦的事情，在你们的关系还没有多么牢靠时，我劝你还是不要求助于 TA，因为这不仅不会让 TA 对你产生好感，反倒会让TA产生抵触的情绪，甚至讨厌你也未可知。

六、玩笑试探，切忌冲动

记住一句话：告白从来都是胜利的凯歌，而不是冲锋的号角。如果时机还不成熟，而你又急于推进两人的关系，比起直白真诚的告白，或许可以试试以开玩笑的方式不经意地表露真心，给双方都留有一定的余地，又不会显得太过唐突，如果对方真的有意，就应该会有所回应。

七、尊重对方，守好底线

我们都希望能有一个双向奔赴的结局，但也可能无论我们再怎么努力，也没有办法获得自己喜欢的人的爱，这都是很正常的事情。既然他是你喜欢的人，那就尊重他不喜欢你的事实。你不可能得到所有人的喜欢，只不过不巧的是，让你心动的恰恰是那些不喜欢自己的人中的一个。我们要做的就是收拾好自己的心情，重整旗鼓，早日遇上那个对的人。毕竟，一段不成功的暗恋或单恋，总好过在一起后又分开的疼痛。

喜欢和爱的区别

在《武林外传》的第 65 集里,展红绫逃婚来到同福客栈,她回忆当初和白展堂相遇的情景,老白不无感慨地对展红绫说,他当时想过,她要是个贼该有多好。他们有过美好的曾经,但官是官,贼是贼,他们终于还是因为身份上巨大的落差错过了彼此。后来老白遇到了佟湘玉,他放下过往,隐姓埋名,决定守着这个女人过安稳的日子,他不再是江湖中那个让人谈之色变的"盗圣白玉堂",变成了渐渐习惯一日三餐平淡幸福的跑堂白展堂。

老白很久之前在写给展红绫的《缉盗指南》中夹了一张字条,上面写着"我想偷走你的心",而后来在面对佟湘玉的感情时,他却没了告白的勇气,他有太多的顾虑:担心自己配不上她,没有能力给她更好的生活;他不知道身为一个贼,自己会给湘玉带来什么灾祸；他害怕对方和他在一起只是因为感动，如果遇到真正心动的人后就会立刻反悔……

喜欢是想紧紧抓住她的手，但爱是思量再三而决定放开的隐忍。

喜欢就是即使没有明天，也要享受当下的快乐，而爱是愿意牺牲当下的快乐，去换取一个值得期待的明天。

和对展红绫的感情不同，老白从来没有想过让湘玉变成一个和他一样的人，反而在遇到湘玉后，他就金盆洗手，努力过回了一个正常人的生活。那个一有风吹草动就马上打好包袱准备逃跑的男人，因为遇到了对的人，决定结束到处流亡的日子，就像他说的，一匹再桀骜不驯的野马，也有心甘情愿被驯服的一天。湘玉是老白想要共度余生的人，这样坚定的选择，不是一见钟情的眩晕感造成的热血上头，而是经得起漫长岁月洗礼的温柔守护。

从乍见之欢到相濡以沫，一起走过太多的路，回头望去，都是两人交错前行的印记，倘若偏要剥离对方存在过的痕迹，必定像剜掉自己的血肉一样疼痛难忍。或许起初我们都是因为滚烫的爱情而选择了走进婚姻，到最后，极致的绚烂都会归于平淡。我们不会再不知疲倦地一直聊天到深夜，牵起对方的手时心脏不会再狂跳不止，随着经年的累积，我们变得不需要说话就能明白对方的意思，会像习惯了空气一样习惯了彼此的存在，从此以后快乐翻倍，悲伤减半，我们相互取暖，把所有的狂风骤雨都挡在了两个人的世界之外。

世界那么大，一个人真的太孤单了，我们总是本能地希望在这偌大的世界中拉住一个同类，然后肆无忌惮地对他撒娇，和他分享自己所有的宝贝，为他遮挡夏天的烈日和冬天的冰雪，心无旁骛，认真规划着有他的未来，在他做错事的时候把责备默默咽下，陪着他一起成长，直到脸上都是皱纹，牙也掉光了，还是会在看到他的时候眼里有光。

有趣的是，在真正爱一个人的时候，男人和女人的表现会大相径庭：女人会为了爱人变得无比勇敢，平时谨慎周全的她在遇到爱情时会奋不顾身，就算与全世界为敌，她也会坚定地选择站在他的身旁；而男人在遇到真爱时反而不会那么洒脱，他们在遇到那个命中注定的人时，会突然意识到爱所赋予的一种责任感，他们愿意为了所爱之人撑起一片天，用心呵护她，不使她陷入任何危险和恐慌中。

爱是一种本能，是人类最原始的欲望，很多经过我们脑子加工所表现出来的东西，在大多数情况下，都只是打着爱的名义的利益交换而已。爱就是"我对你好是因为你好"，甚至"我对你好就只是因为我想对你好"，而如果"我对你好只是为了换取你更多的好"，那就纯粹是一桩情感买卖；如果和世界上的任何其他形式的交往没有本质上的区别，那么爱就不会显得弥足珍贵了。

但令人难过的是，很多人其实都不知道什么是爱，因为事实上很多人都没有被无条件地爱过，所以会误把别人表现出的占有欲、控制欲和偏执当成爱，并在自我拉扯和互相折磨中越陷越深。尽管我们都是渴望爱的，但并不是每个人都会用对的方式去爱对方，如果我需要稳定而持续的长久陪伴，就不需要你轰轰烈烈地制造惊喜；如果我向往灯红酒绿和纸醉金迷，就不需要你熬夜不睡辛苦熬煮的一碗热汤。有人喜欢高楼上的美景，有人喜欢深涧里的清幽；有人光芒万丈，有人不露锋芒。我相信总有一天，你会遇到那个真正懂你的人，他会认真发现你的每一个优点，温柔迁就你的每一个缺点。"世人万千种，浮云莫去求，斯人若彩虹，遇上方知有。"

怎么做才能保持长久的关系?

爱人如养花。

第一次养花的时候,你完全没有经验,整天提心吊胆,你担心水浇得太多会把它淹死,浇少了叶子又会变得干枯。你觉得要让它多晒晒太阳,也该多给它拍点照片,记录它生长的过程。你用最适合它的肥料去呵护它,你想让全天下的人都知道你有一盆很漂亮的花,你对它喜欢得不得了。

时间一天天地过去,你对这盆花的呵护一分都没有减少,而在你精心照顾它的过程中,你也慢慢发现它对你而言是一种不可替代的存在。

但某天清晨,你醒来后,照例走到你的小花旁,却发现它竟然在一夜之间死了。你无比错愕,甚至都不知道是哪里出了问题:是水浇多了,还是肥料放少了?是阳光不够,还是风太大了？因为它的死你很难过，在很长一段时间里你都没有再养花。

后来在一次机缘巧合下，你又得到了一盆花。但你对这盆花没有像从前那么上心了，你经常会忘记它的存在，很久不给它浇一次水，有的时候又会给它浇很多水，但它也没有表现出任何不耐受的样子。于是渐渐地，你发现自己也越来越喜欢它了。

只是有的时候你会在心里默默犯嘀咕：为什么这盆花和上一盆花不一样？要是上一盆花也和这盆花一样该有多好，那样的话自己就一定能把它养好。

其实第二盆花原本也未必像你想象得那么好养，它之前也对生存条件有着非常严苛的要求，只是后来它为了生存，为了适应新的环境，不得不改变自己所有的习惯，所以到了后来，没有人知道它一次需要多少水，多久浇一次水会比较合适。

这让我想到了一个自己的朋友，她是1997年出生的，她的男朋友比她小1岁。他们在一起之前，我的朋友刚刚结束了一段单向付出多年却没有任何结果的感情。她太害怕自己把正在萌芽的感情搞砸，于是她要求自己更加独立，更加成熟懂事。

她不会对男朋友有过多的要求，想男朋友的时候也会尽量克制自己，不让自己显得很黏人。遇到不懂的问题时，虽然她在第一时间就想到了男朋友，但还是会打开手机，自己上网搜索解决方案，生怕对方会讨厌自己对他的打扰。

有一次，她收到了男朋友送她的一条手链，虽然很开心，却有一种莫名的心理负担，想着赶快买一个合适的礼物还给他。他们出去吃饭的时候，她总抢着买单。她的男朋友看在眼里，尽管觉得很无奈，但还是忍住了，并没有出言阻止。

我朋友说，虽然那时候她觉得很累，但是转念想想，只要能跟他在一起，自己就很满足了。后来她的男朋友带她回家见了家长。男方的家庭氛围很好，一家人其乐融融，也没有把她当成外人，会很自然地问她工作累不累，而不是问她工资有多少；他们会问她有没有被自己的儿子欺负，而不是问她会不会煮饭、做家务。她男朋友还有个妹妹，妹妹很会和父母撒娇，而他的父母也非常疼爱这个会撒娇的女儿。我朋友看了，觉得非常羡慕，哪个女孩子不想被这样宠着呢？

因为是第一次到男朋友家做客，她没有吃很多。在回去的路上，男朋友问她："你吃饱了吗？"朋友听了之后愣了一下，然后点了点头。男朋友突然表情严肃地站在她面前，拿出一个三明治，塞到她手里。她一边吃，男朋友一边对她说："亲爱的，你明明就吃了几口，却和我说吃饱了。你明明就是一个小女孩，生活中有很多有趣的事情想要和我分享，你却藏起情绪，非要在我面前装得那么成熟。我之前之所以没有认真地跟你讨论过这个问题，是因为我想让你自己想明白，在喜欢的人面前，你就是可以做一个小孩，我对你好，不是想让你对我更好。我知道你没有得到过太多的宠爱，刚刚看到你看我妹妹的眼神，我就后悔没有早点遇到你。我想让你知道，我想对你好，只想对你好。在我面前你可以收起你的伪装，你不需要小心翼翼，在我这里，你就是最特殊的存在。明明你和朋友提起我的时候都叫我'狗东西'，但你每次见到我，就只是叫我的名字，你有没有想过，说不定我是真的很喜欢'狗东西'这个称呼呢？"

听完她男朋友的这段话，朋友才知道原来自己所有的脆弱和伪装都早被男朋友看穿。她说，从那以后，男朋友改掉她太多的小心翼翼，让她明白有了小情绪是可以告诉他的，谈恋爱是可以互相打扰、天天联系的，收到礼物是可以仅仅回赠一个拥抱的。他们都是彼此最特殊的存在。

她说明天想去看电影,男朋友今天就会买好票。她说想吃火锅,男朋友就会提前买好材料回家准备。男朋友打游戏的时候,她就安静地做自己的事情,或者依偎在他的身边,眼神里满是毫不掩饰的喜欢。

我朋友说她很庆幸从那次谈话过后,他们在这段感情中都能舒服地做自己,他的坦率让她卸下了心里的负担,进而更加从容地经营这份感情。她从此少了自卑,少了不安,少了疲惫,多了对对方的依赖。朋友说:"我们其实并不是什么天作之合,只是能够配合着不断摸索属于我们自己的相处模式,我是真的很想和他幸福地过完这一生,而我知道他也跟我有一样的想法。"

胡杏儿曾经发文说:"我的前前任和前任都很棒,他们一个教会我做温柔的女人,一个教会我做成熟的大人,但我最喜欢现任,他教我做回小孩。"哪个女孩不喜欢那些让她做回小孩的人呢?我的朋友说她就遇到了这样的人,对她来说,他就是人间宝藏,他就是生命之光。

遇到对的人后,你的人生会变得不一样。他会用爱包裹你,让你变得更加相信自己。他从不对你口出恶言,即使生气吵架的时候也不会。你做的所有饭菜他都觉得好吃，你穿什么他都觉得好看，他怂恿着你陪他坐上最高的跳楼机，他也会在你生病难受的时候蹲在床边可怜巴巴地看着你。他会在你加班的时候买上你最爱的奶茶在楼下等你，他还会怕你在车上喝东西呛到特意放慢速度。他会提前看好天气预报，下雨的时候默默地往你的包里塞一把伞。无论多么无聊的话题，他都能自然地聊下去，无论什么奇奇怪怪的梗，他都能换着花样地稳稳接住。

前段时间，我读到这么一个可爱的小故事：有一个女孩在楼道里看到一则广告，上面写着："太阳能维修"，然后有人在下面用笔接了一句："月亮可以更换。"女孩觉得很有意思，就分享给了男孩，男孩很快就回复了她："星星不闪包退换。"

每个人一辈子都会说很多话，会做很多事，也会遇到很多人，但是能够遇到那种件件有着落，事事有回音的情况却真的很不容易。经常有人问我，什么是聊得来？两个人之间聊得来其实很简单，就是我愿意一直说下去，而你也愿意一直接下去，不需要随时都热情满满，只需要真实自然，久处不厌。

有一天我在餐厅吃饭的时候，发现一个有意思的现象：很多对情侣或夫妻在吃饭的时候大都是不说话的。在上菜的间隙，他们有的会查看各自的手机，有的会坐在那里发呆，吃饭时最多给彼此夹个菜，嘱咐对方多吃一点。其间，我看到这么一对小情侣，他们眉眼间尽是欢喜。一个人在说话，另一个人托着下巴在认真地听，然后他们一起动筷子吃饭，长长的话慢慢说，一顿饭就这么吃完了。这种让人觉得心头一暖的画面，我已经很久没看到过了。

有的时候我觉得一段关系遭遇"瓶颈"，失去新鲜感并不是最致命的，当两个人相对而坐却又无话可说的时候才会真的让人感到压抑和无奈：两个人既没有共同的兴趣爱好，也完全没有工作上的交集，他在游戏，你在追综艺或追剧，说句话还得通过手机，明明就在同一个房间，却疏离冷漠得像谈着异地恋。

恋爱初期的热情退去，生活的压力让人喘不过气来，刚想跟对方分享下自己遇到的事情，可想着要费那么多口舌去解释，于是话到嘴边又被自己咽了回去。情话说尽，身体也变得麻木，两人之间没了浪漫，也少了惊喜，从前一个人的寂寞，最终变成如今两个人的孤单。两人甚至不知道彼此为了什么还能凑合着过，可就是再也回不到从前。

我很喜欢抖音上的一对夫妻，丈夫喜欢大金链子，妻子喜欢穿貂，极尽奢华，却很接地气，两个人一唱一和，你说我笑，无时无刻不在讲段子逗趣，彼此永远都不会感到无聊，那种欢乐的氛围真的让人羡慕不已，我觉得这就是情投意合。有一次我坐飞机，旁边坐了一对50多岁的夫妻，两个人聊着我听不懂的医学知识，你一句我一句，虽然偶有争执，但却让人感到非常舒服。还有一次，我遇到了一对年轻的情侣，当时两个人正在讨论如果性别互换了还会不会喜欢上对方，就这么一个小小的话题，他们脑洞大开，讨论了一路，特别有意思。

我想这就是我们所有人都想要的恋爱吧，谈诗词歌赋也好，聊吃喝玩乐也罢，只要两人永远有说不完的话题，更新不完的词库，就算几十年后面对的是同一张脸，彼此也不会感到乏味：可以讲国际政治形势，聊最近的八卦新闻，讨论最新上映的电影，畅谈理想，谈远方，约定去新开的火锅店尝鲜，规划着去近郊的山上看小熊猫……聊天就是分享，分享就会永远充满新鲜。

如果只是因为外表或者物质而爱上一个人，到后期就会变成一件很痛苦的事情。在漫长的岁月里，就算对方的身体对你有着致命的诱惑，你也不可能永远不厌倦；就算对方的财富堆积如山，你也不能一辈子只让他给你买包、买表、买车、买房吧？

　　情侣之间总有需要肩并着肩躺在床上消磨一段睡前时光的时候，但如果绞尽脑汁都不知道从何说起，那这种感觉也实在是太让人难受了。就算你们相伴去巴黎看埃菲尔铁塔，去土耳其坐热气球，去纳米比亚看银河，去西藏看雪山，走遍世界每一个想去的角落，欣赏世上最动人心魄的美景，却无法用语言来交流彼此的感受，那何尝不是一种遗憾。

　　两个人能做到和谐相处，最根本的还是要学会沟通。一切外在条件都能随着时间改变，起初旺盛的多巴胺也恢复到了正常的激素水平，那么能让两个人依旧保持相互吸引的就是"有的聊"了。伴侣之间需要依靠交流来构建只属于他们的二人世界，在那里面是只有他们才能听得懂的秘密暗号，是他们一早就达成的生活共识。

　　我认为一个真正的爱人，就是一个让你言无不尽而意犹未尽的人。了解总是从聊天开始的，如果你有兴趣，不妨放松下来，和你的伴侣讨论一下下面的这 27 个小问题，当作你们开始好好沟通的第一步，准备好了吗？

1. 我做过什么事让你觉得我特别爱你?

2. 你现在给我的感觉是喜欢多一些,还是习惯多一些?

3. 我曾经说过什么话让你最伤心?

4. 你觉得我现在是你的责任吗?会感到有压力吗?

5. 具体来说,你有没有觉得我哪里不好?

6. 对于嫁妆和彩礼你有什么看法?

7. 你有没有在某个瞬间会感到心疼我?

8. 如果我身上有某个你不喜欢的缺点,你会让我改掉它吗?

9. 你有没有想过我们的未来是什么样子?

10. 自从和我在一起之后,你有羡慕过别人的感情吗?

11. 我们在一起之后你遇到了心动的人,你会怎么做?

12. 我们的共同点你觉得有哪些?

13. 如果你从别人那里听到关于我的坏话你会相信吗?

14. 你理想中的爱情是我们这样的吗?

15. 如果我们之间没有话题了该怎么办?

16. 你觉得我在恋爱中黏人吗?

17. 如果我生气了你会察觉到吗?

18. 如果你有了不开心的事会告诉我，让咱们两人一起解决吗？

19. 你是怎么看待夫妻间的冷战的？

20. 你有一瞬间想要和我结婚的冲动吗？

21. 你觉得如果我们分开了，会是什么原因造成的？

22. 如果你的好朋友被出轨了，你会告诉他吗？怎么告诉他？

23. 我们哪一次吵架让你印象最深刻？

24. 期待我们的未来生活吗？具体是什么样子的？

25. 如果我们真的不适合你会怎么办？

26. 你觉得一个人真正喜欢上一个人是什么样子的？

27. 你惹我生气的时候你在想些什么？

伴侣之间最忌讳的就是吵架后两个人都生着闷气互不理睬，如果没有办法把自己的委屈和不满都倾诉出来，反而默默憋在心里，两人之间的隔阂就会越来越深。感情最神奇的地方就在于它能让两个看上去成熟稳重的大人重新回到孩子一样的状态，他们会因为用完的水果刀要不要冲洗而争吵，也会为一起努力抓到一个娃娃而欢欣鼓舞，前一分钟任性地大放厥词："这辈子,我某某某,要是再理你一下,我就是条狗!"后一分钟直接食言反悔:"我就是狗,狗狗多可爱呀是不是?汪汪汪!"

生活本身就有很多素材,如果我们细心一点,就会发现有很多小事是可以和另一半一起做的,而这些共同的经历都会在日后变成情侣之间独一无二的美好回忆。我在之前的咨询中采访了许多对幸福的情侣,根据他们的描述,我总结出了恋人之间可以一起去做的14件事情,不管你现在是单身,还是已经找到了心仪的另一半,都可以看看:

1.一起喝醉一次。你们可以找个路边的烧烤摊,也可以在有氛围感的清吧里,在微醺之际,认真地看着对方的眼睛,你们不必说甜蜜的情话,也不用纠结是你爱她多一点,还是她爱你多一点。你们只需简单地聊一聊最近发生的趣事,谈一谈年轻的时候干过的蠢事,你们是情侣,也更像是知己。在酒精的作用下,她微红的脸颊比平时更加可爱,让人不由得想用嘴唇轻轻地触碰一下。你们有些跟跄地起身回家,月光下的城市好像变得格外温柔,她笑得很开心,你伸手将她揽入怀中,然后互相搀扶着,一路慢悠悠地走回家。

2.给对方定期写信。在这个通信工具如此发达的时代,用手机的键盘按出"我爱你"只需要不到一秒钟的时间。你们在各种电子设备上输入再多的情话，一旦被拉黑、删除好友就再也看不到了。所以你可以选择某个带着微风的傍晚，坐在书桌前，看着远处渐渐亮起的万家灯火，安安静静地给对方写一封信。你可以写下任何你想对 TA 说的话，传递你此刻最真挚、最热切的思念。

3. 假装一天陌生人。你们可以假装是互不相识的路人，主动上前和对方打招呼，跟他要联系方式，互相调侃打闹。如果在一起久了就觉得两人的日常太过平淡无趣，那我们可以尝试在这样的平淡中增加一些小的惊喜，激活两个人都因为时间流逝而变得有些麻木的浪漫细胞。

4. 拍情侣照，定期记录两个人的样子。有一句话是这么说的：你对我半点好，我要让全世界都知道。你们只需要一台相机，或者直接用手机，不用太过刻意地摆动作，直接拍下两个人的状态就好。想要留住时光的印记，照片是最直观、最写实的方式，它不仅会定格你们的笑容，也会记录当时的天气和你们彼时的心情，无论什么时候再次拿出这些照片，都会把你们瞬间拽回幸福的记忆里。当然你们也可以把它设置成自己手机的壁纸，每当你们拿出手机的时候，就都能看到对方那张可爱的脸了。

5. 吵架复盘。情侣之间的争吵是很正常的，每次吵架都会让人觉得心情低落，有时候我们会被对方的怨愤中伤，有时候觉得没有办法再继续下去，心里想着干脆一别天地宽。虽然我们都知道吵架很伤感情，但它却又是不可避免的，为了减少重复性的无谓争吵，提高感情的质量，我们必须学会总结，比如吵架的时候，就算再生气，也不能说什么样的话；就算再难过，也不能做什么样的事。商量好你们必须遵守的边界，可以大大减少吵架对感情造成的伤害。

6. 一起做饭。选择一个两人都在家的日子，一起去超市采购食材，一起洗菜，聊聊最近遇到的事情。可以做几个自己的拿手菜，互相检验一下对方的手艺有没有精进。

7. 一起学习和工作。如果是认真地想要和对方在一起，想要在剩下的日子里都有彼此的陪伴，那么两个人的生活里只有吃喝玩乐是不够的。爱情固然是生活里最令人炫目的那部分，但也不能因为它而忘记了自己的使命。因此，我们应该先做好自己必须去完成的事情，在仍有余力的情况下，可以约上喜的人，带上书和电脑，去图书馆、咖啡厅，一起学习充电，也互不打扰。

8. 一起散步。饭后散步一般是年长者才会喜欢做的事情，但对于恋爱中的年轻人来说，小情侣吃完晚饭后一起牵着手下楼散步也是一件很美好的事情。也可以去骑车、玩滑板。总之，你们有很多可以一起做的事情。

9. 共同设立一个爱情基金。你们可以每个月拿出一点钱，存进你们共同的账号，作为一份愿望基金。不管谁有什么愿望，只要两个人商量好了，就可以把这笔钱拿出来去实现对方的愿望。一起买一款心仪已久的无人机，或者用来重新装饰一下房间……只要是能让你们开心的愿望，都可以用这笔爱情基金去实现。

10. 一起去迪士尼。去拥抱一下儿时共同喜欢过的卡通人偶，开心地冲向杰克船长的宝藏湾，跟着小熊维尼和它的朋友们一起去冒险，看夜幕中的城堡上出现艾莎美丽的身影。

11. 一起养生。买一个木制的泡脚桶，在里面放上艾草包，拉着对方一起泡脚。你们可以轻松地泡着脚，聊着天，等时间到了，再一起上床睡觉。

12. 一起逛家居店。那些暖色调的家居店总会让人产生幸福的感觉，你们可以计划一下以后的家要装修成什么样子，一起看一看你喜欢的沙发，她喜欢的化妆镜，即使只是在心里简单地想一想，都会觉得你们要是有一个家，会是件多么幸福的事情。

13. 主动向对方认错。如果你们两个人已经在一起相处了一段时间，没什么大是大非的原则性问题，那平时的吵架拌嘴又有什么可计较的呢？人都会有生气上头的时候，这个时候多为对方考虑一下，多给对方留点面子，主动道歉，主动认错，虽然可能在这件事上你并没有什么错误，但是有的时候认错无非就是向对方表明一个态度，那就是"我真的很在乎我们的感情"。

14. 一起去游戏厅。可以去抓娃娃，可以去开赛车，你们看着即将掉入袋中的娃娃兴奋大叫，也互相提醒着小心那个突然出现的"僵尸"。一起配合，努力完成一段崎岖的赛道，互相嘲笑，用手机拍下对方站在跳舞机上手脚不协调的搞笑模样。

爱情有时始于轰轰烈烈，但最后都将归于细微琐碎，而这些细微琐碎，正是日常的三餐五谷，闲话家常。我们不辞辛苦地去寻找那个和自己最为契合的人，是为了在这平淡的生活中更多地去感受"一加一大于二"的快乐，而如何能够获得成倍的快乐，依靠的不仅仅是爱，还需要我们充满智慧的苦心经营。

然而对有些人来说，并不是他的年龄越大就代表他越成熟。很多人终其一生都没有学会如何去爱一个人，他们根本不会处理亲密关系。虽然他们一直渴望着真爱，但真爱却无数次从他们的指缝中溜走。我见过的大部分爱情难题，其根本原因就在于尽管身处爱情之中，他们好像还是一直在衡量，一直在计算，一直在暗暗跟对方较劲。我有相当一部分的来访者都想跟自己的恋人争出一个黑白对错，所以他们轻易不会屈服，也不肯低头认错，他们更加在乎自己的输赢，直到最终取得一场争吵的胜利，彻底的、孤独的胜利。

但如果只取得自己的胜利，那么对你们两个人来说，就不能算赢。谈恋爱是为了快乐，是为了相互扶持，是为了在这个世界上有一个除了父母以外，最愿意接纳你的人，而不是为了一较高下。你有一万种方式向这个世界证明自己的正确和坚韧，但在爱人的面前，你可以永远温情而柔软。如果你总是拿着所谓判断真爱的标准，去给最亲密的人打分，这件事本身就会让你和对方不可避免地对立起来，那些感情中大大小小的摩擦，原本就是要把两个棱角分明的人打磨成圆润共生、更加适合彼此的模样。现实生活不是偶像剧，如果没有漫长的磨合，没有人一上来就能听懂你的弦外之音，一个眼神就能读懂你所有的想法，满足你对爱情的一切幻想。

　　这个世界上根本就不存在为你量身打造的完美伴侣，而所谓的真爱也不是老天爷赐给你一个完美的情人。真实的情况是，我们会为了对方身上吸引我们的部分，而甘愿去接受对方跟我们不一样的部分。能够长久的亲密关系一定不是计算，更不是算计，一定不是你我的针锋相对，而是我们共同面对问题、解决问题，相爱的人有必要在这一点上达成共识，并且在每一次遇到问题的时候都能不忘初心。如果我们都能想办法让对方跟上自己的脚步，那就不用总在被对方质问"你变了"的时候，嘴硬说"我没变"，你完全可以大大方方地承认自己的改变："对，我是变了，但我只是变得不愿意再和你争吵了，我不想再说那些让你伤心的话，也许我们都可以冷静一下，等我们都不再生气了，也许可以一起去那家你很久之前就想去的店吃顿美餐。"

感情中男人的真相

要是女朋友没那么黏人该有多好

我曾经听到一个男孩子和他的女朋友打电话,男孩子语气很不耐烦地对着电话说:"知道啦,有完没完?……烦不烦?……爱信不信!挂了吧!"随后把电话挂掉,转身对旁边的朋友说:"她一直都是这么黏人,要是再这样下去的话,我就把她给甩了,不处了!"

找我咨询的男生里,有一部分人会向我抱怨自己的女朋友爱吃醋,爱撒娇。在热恋期的时候,一切都不是问题,可等到逐渐失去了新鲜感,每天事无巨细的报备和动辄两三个小时的视频通话,就变成了这些男生的负担,他们希望自己的女朋友不要那么依赖自己,过好自己的生活,不要整天围着他转。他根本没有办法区分女朋友的口红色号；很难记得她这次说的小姐妹和上次说的是不是同一个人；他不明白为什么同一件事情，女朋友会三番五次，不厌其烦地讲给他听；他搞不懂为什么女朋友会对他的生活充满好奇，每天就像"十万个为什么"一样向他问东问西。他们只想不被干扰地打局游戏，或者只想安静地独自待会儿，但有个黏人的女朋友，这一切，就都不可能了。

但我想说，如果一个女孩子喜欢黏着你依赖你，那么说明她真的很爱你，她把你当成她的小世界，那是一种对你无条件的信任。很多男人都不明白这样的道理，若如你所愿，你真的拥有了一个不吃醋、不撒娇、不任性的女朋友，而你在她需要的时候，又没有及时出现，那么你从此也没必要再以她的男朋友自居了。有句话是这么说的：当一个女生爱你的时候，她比谁都幼稚；而当那个女生不爱你的时候，她比你妈都成熟。

更何况在这一点上，我真的认为这种男人没什么可抱怨的，因为世上有千千万万种女人，我不觉得每一种女人在陷入爱情的时候都会无比黏人，然而你在那么多人里面偏偏选择了这种软软糯糯的姑娘，一定是她比起其他女人有更多让你感到心动的地方。如果对方真的是一个无比独立的女性，每天有忙不完的工作，她根本没空关心你每天吃了什么，睡得好不好，她没有办法感受到你情绪的变化。你对她抱怨工作辛苦，生活艰难，替上司挡酒，给客户赔笑，她大概率会还你一个白眼，轻蔑地回你：这才哪儿到哪儿啊？我想和这种"独立"相比，"黏人"其实也并没有什么不好了吧。

不哄你可能就是真的不爱你

我想对于很多直男来说，女朋友闹脾气真的是一件很让他们头疼的事情。我有一个男性朋友 A，他过去的 3 年里换了 6 个女朋友，每段感情谈到最后都是不了了之，而他分手的原因基本上都是吵架后不理女方，女方生气地问他："你就不能哄哄我吗？"但 A 每次都理直气壮地说："我一大老爷们儿，不会哄人！"

直到后来他交了现在这个女朋友，晚上就再也没有被我们叫出来过。我们每次打电话给他，他都跟我们讲："我没空，在陪媳妇儿呢！"

有一次他终于被我们逮到，我们起哄道："你以前可不是这样的。" A 笑了笑说："我女朋友怕黑，不喜欢一个人待在家里。"

后来有一次我们和 A 及他的女朋友一起吃饭,这个女生随口说了一句最近睡眠不好,结果第二天,A 就给她买好了"U"形枕、香薰,以及其他有助于睡眠的东西。女生跟他说:"我自己有钱,不用你给我买。"但 A 对她说:"你买是拿来用的,但我给你买是想告诉你我很在乎你。"

所以在这个世界上,根本就没有不会哄人、不会宠女朋友的男生。只有那些不够爱的人才会用不会哄人当借口来替自己开脱。

爱是本能,如果他真的发自内心地在乎你,他就会清楚地记得你喜欢什么,不喜欢什么,就会挖空心思,用尽力气地对你好。那种一开始就拿"大老爷们儿不会哄人"当借口,故意晾着你的人,在以后的日子里也未必对你足够用心。

一个人真的爱你就会像一个小孩子一样,把自己觉得宝贵的东西都拿给你,就好像饿了要吃饭,困了要睡觉,他会用最直接的行动表达对你的疼爱,当一个人满怀爱意的时候,他是无所不能的。

我的另一个朋友 B 和他的女朋友从恋爱到结婚一直非常恩

爱，但他女朋友在我们的圈子里是出了名的任性，每次他们只要一吵架，他的女朋友就会拉黑他所有的联系方式，B每次都会通过身边的各种关系和渠道，找遍所有能帮上忙的人，想尽一切办法再次联系上他的女朋友。

有的时候，就连我们都被他折腾得很无奈，我曾经问过他："你这么做到底累不累？她拉黑你，不就是不想理你吗？"

B笑着说："你错了，如果你真的不去联系她，那她拉黑你还有什么意义呢？打个比方，我们小时候是不是都喜欢玩捉迷藏？小朋友之所以喜欢玩，并不是希望大家躲起来之后没有人去找他。我知道我女朋友把我拉黑，其实是想让我去找她的，她想知道的是，她在我心里到底有多重要，她想看到我为了找到她而付出的努力。"

他的女朋友在这个时候也插了一句："每次看到他为了联系到我付出努力的样子，我就觉得特别兴奋，因为他让我感觉到自己是被在乎的。"

如果一个男人根本懒得哄你开心，那说明他其实并不很在意你。一个爱你的男人，是会想尽办法去让你开心快乐的。当然也不能说不哄你就等于不爱你，也有这样一种男人，尽管他想哄你，话到嘴边却变成了一堆很难让人消化的大道理。因为他们认为哄人的本质其实就是掩盖问题，在遇到冲突时，如果从来不讲道理，只是一味地哄你开心，把问题暂时地压了下来，而并没有从根本上解决的话，那才是对你们感情最大的不尊重。讲道理找共识才是对感情的尊重。

  两个人能走在一起，其实真的不容易，需要相互的尊重和体谅。男人和女人吵架，男人吵的通常是理，女人吵的更多的是情，到最后男人觉得女人不讲理，女人觉得男人太无情。其实，如果只是无足轻重的小事，就真的没有必要讲太多大道理，道理就摆在那里，难道女人不懂吗？她可以和你以外的任何一个人讲理。但是你要知道，爱情有时就是两个小孩子一样的大人之间的幼稚游戏啊，她无非是希望你能够多爱她一点，多让着她一点。告诉你一个小秘密：有的时候稍微退让一步，其实可以收获更多。

说分手就是真的受够了

  为什么有很多女人把分手说出来很多回，但却次次食言，而男人只要说分手就感觉很难再挽回了呢？其实也没有什么别的原因，就是三个字："受够了"。

有些想法是男人不会开口对女人讲的，比如：

时刻关注另一半的需求真的很累。

总被怀疑出轨真的很委屈。

对方经常要这要那，还总是不停抱怨，实在是太烦了。

……

很多男人在感情中并不善于表达，因为他们在成长的过程中，被教育要有责任、有担当，要顶天立地，他们的情绪是被压抑的。身边的几乎所有人，不管是父母、同学、老师、同事、领导，都无时无刻不对他说，"你是男人，摔倒了可不许哭。你要勇敢，要坚强，你要保护你的家人，你的爱人，你要赚更多的钱，你要有责任感，要有使命感"。

他们看似无所畏惧，但其实压在身上的责任越多，他们担心害怕的也就越多：他们害怕失去爱人，怕亏待父母，怕给不了孩子好的生活。他其实也知道，有的时候自己有些没用，但他怕你说出来，他不想每天故作轻松，他也想感受一下无理取闹但仍然被宠的感觉，哪怕一下也好；他希望被你看到他的脆弱与不安；他也会没有安全感，也希望得到温柔的对待；他希望哄女朋友，一次就能哄好；他希望他张开双臂拥抱你的时候，你不要因为生气而倔强地把他推开；他希望他用心的付出，不要被视为理所当然；他希望自己的真心不要被当成考验的筹码；他希望你偶尔也能哄哄他，不需要什么浪漫的仪式感，一句"遇到你，我很幸运"就足够了。

说实话，对于男人而言，如果只是为了找一个人来管束自己的话，那还真的不如一个人潇潇洒洒地活着。这个世界上没有任何一个人会想要得到一段让人别扭、令人窒息的感情，真正对的关系应该是两个人保持着刚刚好的距离，刚刚好惠及彼此，又刚刚好可以做自己。

那些要靠你费心去管束、费心去靠近的男人，他们大概率不能成为你最好的归宿，所以不必再在错的人身上浪费时间。无论男女，我们最终都需要在一段关系中变成更好的自己。如果你们在一段关系中耗尽了曾经的一切美好，那最好还是放彼此一条生路，也许你们的美好各在他处。

选你只是因为你合适，仅此而已

我们小时候看过很多童话，故事的结局大都停在了"王子和公主从此过上了幸福的生活"。我想如果后面还有出轨、坐月子、婆媳矛盾、家务分歧的戏码，那可能我们就会早一点意识到：比起嫁给一个来历不明的王子，可能被后妈王后折磨的日子对她来说还会更轻松些。

你有没有想过，你的男朋友对你好可能只是因为你是他的女朋友，就算他的女朋友换成了别人，他也会用同样的方式对她好。所以从某种意义上来说，如果你没有多么与众不同，那你在"成为他的女朋友"这件事上，是完全可以被替代的。

有的男性追求女性，对女性好，只是他们想为了达到某个目的必须经历的过程而已。对于很多男性而言，他们知道追女生是要花心思的：送她礼物、多花时间陪陪她、嘴巴甜一点多多称赞她……在当今社会，如果一个男人想要追求一个姑娘，随便上网搜索一下，就能找到各种各样的攻略和教程，只要愿意花钱，甚至还能受到一对一、手把手的恋爱辅导。

而那些涉世未深、看着童话长大的女孩子，根本没有意识到她们如果跟着这个男人走,将来要面对的究竟是什么,只是傻傻地觉得这个男生对自己真的很好。

但她不知道的是,那些她喜欢的鲜花,那些衣服、首饰、香水、口红,两人一起去过的餐厅,甚至婚礼的定金、房子、车子……在他们的眼中,只是诱饵,而这些诱饵即便不送给她,也是要被送给别人的,跟她是不是那个"真命天女"并没有什么关系。既然是诱饵,那就必须起到它们应有的作用,比如更加顺利地和她谈恋爱,用最低的成本把她娶回家,给他生孩子,承包后半生的家务,或者伺候他的爸妈……

当女性还陷在温柔的幻象里憧憬着爱与自由,这种男人已经开始运兵囤粮,攻城略地了。他们在发起进攻前,会事先在心里计算好与这个女生的交往难度和驾驭难度,他们为女性付出的每一笔都是经过计算和衡量的。尽管如此,他们却不允许女性拆穿,一旦女性也变得审时度势,他们就会给这样的女性贴上道德缺陷的标签:势利,拜金,吃相难看,大龄剩女等,用意就是让女性彻底打消和他们讨价还价的念头。

就算是在社会如此进步的今天,也还是有很多男人打心眼儿里没有办法认同真正的男女平等。这样的事实是很容易验证的，随便在短视频平台上去刷几个视频，一些关于女性或两性情感的主题的视频下方的评论区里，一定会有一群男性的评论让你见识到什么叫人性的自私和狭隘，而但凡有女性敢出言反驳，那么等着她的一定是一群男性的挖苦和讽刺。他们根本就不会去考虑别人所陈述的客观事实，像达成了某种默契，用人身攻击去回复别人所有基于现实得出的观点。

有的男人善于站在道德的制高点上去否定、批判女性，他们天生就会把事情引到有利于自己的方向上；而女性则拥有更强的共情能力，她们很难不去听取别人的意见，所以在遇到问题的时候往往会先反省自己的不是。举个例子，如果一个女孩子在一天当中被好几个陌生男人时不时地看上几眼，出于女性天生会有的容貌焦虑，这个女孩一般都会怀疑自己是不是牙缝里塞了韭菜，或者是不是今天的妆化得有问题，但同样的情况如果发生在一个男性的身上，那么他大概率会觉得：今天的自己是不是特别帅气，刚刚那个女孩看了我好几眼，她是不是喜欢我？

为了和你谈恋爱，他们会送你口红，送你鲜花，送你暖宝宝，带你出去吃饭，比起他们可以预期的回报，这些花费的性价比是真的很高。和这些相比，彩礼、房子就贵得多了，可如果他们要娶到你，这些花销是必须的，实在是一笔可能会赔本的买卖。但是为了家里的香火，为了给爸妈一个交代，毕竟老婆还是得娶一个的，于是，他们就会一边指责女性拜金，一边大肆制造剩女耻辱的焦虑，想着如果能给某个傻姑娘洗脑成功，岂不是赚到了。

这也是我鼓励女性不管从经济还是精神上，都要追求独立自主的原因，只有真正的独立才能让你的内心真正充满安全感。就好比我们国家制造核弹，是为了发射吗？那是为了震慑和牵制其他有核武器的国家，起到保护我们国家和人民的作用，这是一种无声的警告，提醒他们在动手之前，先去想一想自己能不能承受得了率先发起进攻的代价。我们的强大并不是为了挑起国际的对立，恰恰相反，我们是为了国际力量的平衡和全世界的和平。而女性的独立自主也并不是为了挑起男女对立的战争，而是为了双方更加和谐地相处下去。只有实力相当，才有真正的公平可言。

女孩子不要幻想只要自己静静等待，就会有盖世英雄踏着七彩祥云把你从现实的困境里拯救出来，相信我，如果你自己都不能为你的人生努力奋斗，别人就更不能指望。

千万不要让自己当了那只用来检验人性阴暗的小白鼠。你根本不需要焦虑自己是否会孤独终老，让自己变强才是你真正要关心的事情。能婚前买房就不要等待，能买赶紧买，在有能力的时候尽快还清贷款。

大多数男人都不会打没有把握的仗，他们在发起进攻之前已经熟读了兵书，了解了这场战斗的目的，他们势在必得，他们会拼尽全力去追逐那头最漂亮的梅花鹿，因为那种得偿所愿的感觉会带给他们无上的荣耀。但如果他们没有十足的把握驯服那头桀骜不驯的梅花鹿，他们就会将它放走，转而将一头听话的小鹿带回家，所以，小鹿最终的"胜出"其实并不是它的幸运，也许它只是那头牵起来更顺手的鹿，仅此而已。对于这样的男人，不要高估你在他心中的地位，也不必对他心存幻想，否则最后梦醒，受伤的只能是你自己。

第七章

爱而不得是人生的常态

有对象时遇到更好的人该怎么办？

我听很多人描述过爱情开始时的样子：

"我对他是一见钟情的，虽然我在第一次见到他的时候并没有记住他的五官，但我就是知道，我在见到他的那个瞬间就喜欢上他了。当时阳光照在他的脸上，他笑得特别好看。当时我就知道我和他一定会发生点儿什么。"

你在脑海中一遍遍地回想起那张阳光下明媚的笑脸，希望能够再见他一面，于是你辗转要到了他的联络方式，做了个俏皮的自我介绍，对方有点蒙，但很快想起印象中好像是和你见过一面，而且还大概记得你的身形。你点开他的朋友圈，发现对方分享的一首歌你也很喜欢，于是你兴奋地和他说："原来你也喜欢 *Because of You* 这首歌呀！"

对方回你："对啊，当时《天下足球》里有一期节目是告别小贝的《背影》，里面的背景音乐就是这一首，我觉得这歌挺好的。"

你觉得他的回答很有趣："哎，对啊，贝克汉姆退役了还真是挺伤感的，所以你之前喜欢曼联队吗？"

"还行吧。"

你有些诧异，感觉正常人不是这么聊天的："那你最喜欢哪个队？"

"喜欢小罗在的巴萨队，小罗真的是神一样的存在！"

"小罗吗？他很帅吗？"

"踢球的时候特别帅！他真的是天赋型的球员，是那种努力型的一辈子都追不上的天赋。"

"比如？"

"比如你永远都不知道他以什么方式出现，他会用什么方式进球，他怎么轻松地带球过人……"

你们似乎有聊不完的话题，从傍晚聊到凌晨两三点，你们一点都不觉得困，但还是依依不舍地互道了"晚安"。

从那以后，你们像是达成了某种默契，必须每天在差不多相同的时间里找对方聊一会儿，才能各自安心地睡去。

某天不知道是谁挑起的话头，说最近有部新上的惊悚片还不错，哪天有空要不要一起去看看？

于是你们欣然前往约定的地点，终于再次见到了那个好看的笑容，这次你想认真地看看对方的样子，但又实在害羞，只能装出一副很熟的样子，大大咧咧地和他打招呼："你好啊，网友！"

电影确实有点吓人，于是你害怕地缩了缩身子，本能地偷偷瞄了一眼身边的人，身边那个人身子挺得笔直，目不斜视地盯着银幕，你觉得他这样子又好气又好笑，原来他真的就是来看电影的。

电影散场后，你豪迈地对他说："这次你请我看电影，下次我请你吃饭吧，回见！"然后以最快的速度逃离现场。回家的路上你有点气自己：怎么这么没出息，明明每天都聊天的，只是见个面而已，至于这么紧张吗？你觉得你今天有点不像自己。

于是，当晚你没有再主动找他。

日子一天天地过去，你也一点点地忙碌起来，每天回到家都觉得很累，一沾枕头就睡着了。

直到一个阴雨绵绵的日子，你坐在电脑前打字，手机突然振动起来，弹出的是一个熟悉的头像，后面跟着一句话："你欠我的那顿饭，什么时候还？"

你心头突然觉得一紧，你这些天的沮丧其实并不全是为着这阴沉的天气，少了他的陪伴，原来心会变得空落落的。

"所以你为了等着我这顿饭，饿了这么多天？"你不知道为什么，心里居然有些埋怨，也不知道是因为他之前的突然消失，还是现在的突然出现。

"对呀，肚子好饿，请我吃个饭呗？你请客，我掏钱！"

"那你可得谢谢我在百忙之中抽出时间去拯救你这个饿肚子的可怜人。"

"行啊，要怎么谢你呢？"

"你得让我好好想想，我可坚决不能错过这个敲竹杠的好机会。"

距离上次见面尽管有一段时间了，但你还是没什么进步，为了掩饰自己的紧张，你把压箱底的段子一个一个地背给他听，他笑得依旧很好看。

回家的路上经过便利店，你嘴里一边念叨着要买的零食，一边茫然地在货架之间打转。他微笑地拉着你的袖子把你领到你念叨的零食前,猝不及防地来了一句:"你怎么这么可爱?"

你脑子突然有种短路的感觉,平时能说会道的一个人这个时候却不知道该说些什么了,只好傻笑一下,再一次逃命似的赶忙跟他道别。

你觉得这事有些古怪:"为什么他要说我可爱?他这是在向我告白吗?不能吧?说我可爱也没什么大不了吧?我本来就很可爱啊!而且他经常说别人可爱也说不定,没什么大不了的。"

平时对别人的感情分析得头头是道,怎么轮到自己的时候却怎么都想不明白,于是你叹了口气,打开电脑准备工作,但电脑却怎么都启动不了,于是你理所当然地想到了他。

"你会修电脑吗?"

"会啊,怎么了?"

"需要你帮忙。"

你本来没抱什么期待,但他认真地琢磨了一会儿,电脑居然修好了,你对他突然有了一丝丝崇拜。

你们总是想和对方见面,但总要找到一些看起来很合理的借口。

你觉得他的身上总有一种非常好闻的味道,觉得他的大手温暖又有力，觉得他的肌肉特别紧实，虽然每天都在一起但还是会想念他，他的全身似乎都散发着一种金色的光。

朋友说他很丑，但你却一点也不认同："不会啊，哪里丑？我就喜欢他这种单眼皮的！"的确，当你全心爱着对方的时候，他就是世界上最好的那个人，怎么看都看不够，又怎么舍得把视线从对方的身上移开呢？

一年过后，你们已经习惯了彼此，当初澎湃的感情也渐渐回归冷静。你们不再像一开始那么盲目，你知道他身上好闻的味道不过就是某个牌子剃须水的味道；手虽然温暖，但比了比，其实跟你自己的手并没差多少；之前锻炼得很好的肌肉，也因为啤酒摄入过多而变得松松垮垮。他不再发光了，你突然觉得朋友说得挺对的，他确实长得有点丑，看久了他的脸你甚至觉得有些厌倦。慢慢地，你对他的一切不再那么好奇，有时甚至会对他视而不见。

他待你倒依旧细心温柔，虽然不够浪漫，但生活规律，为人节制，除了喜欢喝点酒，也没有什么让你不喜欢的习惯。你从来不用为他的生活操心，反倒是他，有的时候总喜欢像家长一样管着你：给你调配一日三餐，让你少吃油炸食品多吃菜；

你犯懒的时候他会反复催你先洗漱再睡觉，否则牙齿会坏；玩游戏超过一个小时就会没收你的手机，强行拉你出门看看外面的风景。

在一起两年的时候，你总会因为各种鸡毛蒜皮的小事，莫名其妙地对他发脾气，但你每次发脾气的时候他也不恼，就是看起来非常难过，他会努力地解释自己，事情根本不是你想的那样，你会嫌他总有一堆为自己开脱的理由，尽管被你气得涨红了脸，他却不忍对你恶语相向。虽然你很容易生气，但你的气消得也很快，他明白了只要不在你生气的时候不停辩解，让这场争论无休止地进行下去，你很快就能变得冷静。一开始你们从生气到和好，需要一周的时间，后来变成了两天，再后来，他发现只要在生气时把你的注意力转移到别的事情上，你就会忘记你们还在吵架这件事。

你们在争吵的过程中慢慢磨合，到第三年的时候你们感觉把这辈子的架都吵完了。你们的生活恢复了平静，没有了最初的如胶似漆，也经历了一段总是闹别扭的适应期，你慢慢习惯了他的存在。你以为这就是生活本来的样子：和一个不好也不坏的人，就这么平平淡淡地牵手过完一生也不失为是一种幸福。

直到某次偶然的机会，你在一个朋友的聚会上认识了另一个人，他的样子有些清冷，但举手投足都是一副妥帖周到的样子，尽管和人交谈时脸上也挂着和善的笑容，但总让人有一种无法真正接近的感觉。你出于礼貌，照例跟他寒暄起来，他说刚刚给大家拍的合照也要发给你，想主动添加你的微信，你大方地添加了对方的微信，觉得这并没有什么大不了。

他似乎很开心，目光灼灼地看着你："我觉得你和我的一个朋友长得很像。"

你开始腹诽他这种拉近关系的方法也未免太过老套，但又不忍他的话就这么掉在地上，于是努力克制住马上要翻起来的白眼，捡起话头："是吗？好看的人其实长得都是差不多的。"

他显然被你逗乐了，笑了笑，眼神正好对上你投去的目光，但他并没有礼貌地避开，而是长久地凝视着你，像是真的要郑重其事地好好找出你和他的那位朋友到底相似之处在哪里。你被盯得很不自在，又有了当初那种想要逃走的感觉，于是你借口明天要早起，赶忙跟大家道别，匆匆离开。

你走出餐厅准备叫车，却听到背后有人叫你，他说可以载你一程。你推托说"谢谢，不用"，却鬼使神差地上了对方的车，你明明早有防备，却觉得对方实在有种让人无法拒绝的力量。

你有些不安，又有些后悔，于是你故意和他开玩笑说："我怎么就没看一眼你的车牌号呢？要是我对象明天在刑事案件的报道里看到我，起码也能给警察叔叔提供一条有利线索。"

他微微蹙了下眉，突然不太开心："我长得真的那么像被警察叔叔关照的人吗？"感觉到对方不悦，于是你讪讪地补救："如果长得帅犯法的话，那警察叔叔可不得天天都来抓你吗？"

他嘴角渐渐泛起笑意，你却突然高兴不起来了，你不知道为什么明明是个不相干的人，你却这么在乎他有没有生气。

你回到家后，手机里多了条信息，是送你回家的那个人发来的，信息很简单："早点休息，晚安。"

六个字，你反反复复看了很多遍，你知道刚刚坐的车是什么价位，你也小心瞥到对方手腕上是多少钱的手表，你对比着他今天说的话又想了两遍，觉得一定是自己的内心戏太过丰富，一个有对象的人怎么还心猿意马了？你对自己的想法感到惭愧，于是敲了敲自己的脑壳，强迫自己赶紧睡觉。

日子就这么不咸不淡地过着，你也很快忘记了这段让你觉得并不光彩的小插曲。

一天晚上,你和男友互道晚安,准备睡觉,手机却再次亮了起来,看到屏幕上弹出的头像,你的心脏突然漏跳了一拍。对方传来的是一张图片,你点开图片,发现是你在那次朋友聚会上的照片,照片上的你没有看向镜头,侧着脸正在跟身边的人交谈,这明显是偷拍,照片上的你没有平常说话时那么神采飞扬,而是显得安静温婉。

你告诉自己不要去招惹他,但还是忍不住发送了一个"?"。

对方回复得很快:"那天说过要发照片给你的,今天才发给你,还来得及吗?"

你觉得好笑:"这有什么来得及不来得及的?我阅后,你即焚就可以了。没想到拍得还挺不错嘛!"

"那可不行,删了不就可惜了我这么好的拍照技术了?"

"我可不想哪一天在'重金求子'的小广告上看到我的照片,商业用途可是要为我的肖像付钱的。"

"那我得付多少钱?"

"你看我这富态的样子,肯定能成功求来不少子,得不少钱呢,我也不多要,到时候你发达了,分我个百八十万就行。"

"你这根本就是敲诈吧!要不我请你吃饭吧,咱们当面聊聊具体怎么分成?"

你预感事情要往失控的方向发展,急忙踩下刹车:"算了算了,吃人嘴短,别到时候被你卖了还得帮你数钱。"

"那太可惜了,我们就只能错过这次发家致富的机会了。"

他显得有些沮丧,你莫名也有些失落,身体里有些不安分的因子因为他的出现,再次被激活,这种熟悉的感觉是被你的身体记录过的,所以当它再次出现的时候你很清楚这对你来说意味着什么。夜深了,你却再也睡不着了。

你明明就可以轻松地看穿这个人的所有套路:老套但有用的开场白,自然而然加你微信的方法,故意长时间地注视着你的眼睛,专程绕路送你回家,假装生气调动你的情绪,温柔又体面的问候,他知道怎么引起你的兴趣,又恰到好处地表达对你的好感,知道怎么不动声色提出见面的要求,也知道怎么在被拒绝时仍然克制有礼。你甚至有点讨厌他,你明明已经提醒了他自己已经不是单身,但他还是选择对你的提醒置之不理,你觉得他有点过于自大,不够尊重自己,做法实在也有些越界。

但知道是一回事，遇到又是另一回事。

你尽管知道自己已经不再是个情场"菜鸟"，但面对他这些并不高明的撩拨，你还是不由得心旌摇荡，虽然你觉得他不够真诚，但你还是对他产生了好奇心，可比起他喜欢听什么歌，喜欢什么运动，你最急于知道的是：他为什么会喜欢你，你想知道他说的那个和你很像的朋友，究竟是不是他的前任。你相信自己曾经对阳光下的那张笑脸一见钟情，却没有办法相信在餐厅昏暗的灯光下，会有一个人对你一见钟情。

你不由自主地把身边的这个人跟他进行了全方位的对比，发现后来的人明显条件更好，你甚至还会在和男友约会的当下不时地想起那个后来的人。你觉得很对不起眼前这个陪伴了你这么多年的人，你和他在一起的时候就从来没有想过要和他分开，虽然他如今没有那么耀眼，但他就像空气一样，给了你充沛又自由的爱，你知道是他这么多年默默地包容着你的俏脾气，你知道在你情绪低落的时候是他告诉你不用急躁，物当其时，各有佳期，按照自己的节奏来，你不用非要追求完美，没有人是完美的。你知道他完全接纳那个不完美的你，他真正喜欢的也是那个总是会犯点小糊涂的你。

不是后来的那个人不好，他可能比先来的人还要好很多，我们一生可能会遇到很多优秀的人，可其实他们好不好、优不优秀都跟我们并没有太大的关系。追求更好、更强固然是我们生而为人最本能的欲望使然，但欲望是没有穷尽的，如果甘心一生都被欲望驱使，我们就永远不能体会什么是真正的满足。我们这辈子最重要的不是坚持不懈地寻找一个更加完美的人，而是找到那个能把自己的不完美尽量补足的人。强强联合或许是最理想的状态，但如果我们能够找到那个帮我们补齐自身短板的人，也不失为一种不错的选择。

爱情原本就没有什么标准答案，也许比起"出色"，"合适"才是更加可行的通用准则。有的人终其一生都在追逐，因为他们不知道自己真正想要的是什么，于是不断重复着猛烈追求、热情冷却再漠然分开的模式，周而复始，无限循环。他们看似主动，一直都在积极地寻找着自己想要的东西，但实则非常被动，因为他们对自己的人生并没有真正的掌控感，总是需要从外界获得刺激才能切实地感受到自己存在的意义。有的人总是需要用新鲜的爱情来证明自己的魅力，但这恰恰说明了他们没有和人长久相守的能力。

这并不是要求我们必须死守着一个人从一而终，因为人一定是会随着时间不断成长的，人在不同的阶段是不一样的。相应地，我们在不同阶段的需求也是会发生变化的。当两人的成长步调不一致，就势必打破从前舒服的相处状态，积极调整，共同进步；如果一段关系已经让人产生勉强和不适，也可以好好道别，相互感谢，分手没什么大不了的，要坚信你的人生始终是你的人生，他人的离开或到来都必须是以你的自由意志为前提的，不应该以别人的好坏来作为你进行选择的依据。

爱实在太过主观，如果你爱他，即便你们身处陋室你也会觉得无比心安；如果你不爱他，纵使他风流倜傥锦衣华服你的内心也不会有半分动摇。爱就是他在你身边你就会觉得满足，如果你始终不能得到满足，那不妨先停下来，认真审视一下自己的内心。如果你的内心的寂寞空虚到深不见底，就算向别人索要再多的温暖，也始终填不满求而不得的惨淡。

男朋友不上进该怎么办?

"男人会为了留住一个女人而努力奋斗吗?"

我认为,"男人会为了一个女人而努力奋斗"和"男人会努力奋斗"这两个答案都可以成立,但唯独"男人会为了留住一个女人而努力奋斗"看起来有些勉强。

C 是一个普通的大三学生,她的男朋友大专毕业,比她大六岁,认识她的时候已经在社会上工作好几年了。C 觉得她的男朋友已经在社会上打拼了很多年,为人也成熟体贴,还会天天给她做好吃的饭菜,对他还是比较满意的。但家里人自从知道了他们在一起这件事,就三番两次地催促她赶紧和这个男友分手。她很犹豫,一方面觉得男友对自己疼爱有加,但另一方面她也觉得男友不够上进。她希望男友能够为了他们的将来,在事业上更有追求,更加努力赚钱,未来只要能支付得起一套小房子，一辆几万块的车，达到可以成家的基础条件就可以了。她并不追求物质条件有多么优渥，只要能和男朋友过简简单单的日子就会满足。

而她的男友却一直没有做出什么改变，他是个月薪五千的上班族，平时闲下来只喜欢窝在家里打游戏，他对目前的生活没什么不满意的。见到男友的事业始终没有太大的起色，C急了，她开始因为男友的不上进频繁地和他争吵，但每次吵完以后，男朋友还是会一如往常，继续上班，打游戏，每天都过着这样的生活。

C实在想不通，男朋友到底是怎么想的，于是她找到了我。

其实这件事情再清楚不过了。结婚只是C的需求，而她男友并没有想到结婚，或者说他没想过要马上结婚。因此，她的男友没有任何"上进"的动力。

C想攒钱、结婚，组建一个幸福美满的家庭，这些都是C自己对美好生活的向往，但她的男友对未来的生活又有着怎样的想法呢？

从目前的情况来看，他并没有做出任何改变，很可能他对目前的生活是满意的：吃穿不愁，每天偷闲打打游戏，还有一个年轻的女友在侧，情感需求和生理需求都得到了满足，他已经过上了很多男生梦想的生活了，何必还要折腾自己呢？

在现实生活中，很多人谈恋爱只是为了图个舒服自在，如果一段感情让人痛苦，甚至像被套在头上的紧箍咒，可能离分手不远了。

两个人可能刚开始在一起时是合适的，但很可能走着走着就会发现彼此不再符合对方的需求。身处校园的女孩可能在最初阶段觉得一个男人最重要的品质是沉稳、疼人，但随着她渐渐进入社会，想法就会发生巨大的改变，可能一个男人的责任和担当就会成为女孩更加迫切需要的，所以两人分手并不是一种坏的选择。因为，可能对方也会嫌你太过野心勃勃，转而寻找下一个年轻单纯的合适人选了。

感情是如何变味的？

一个朋友曾经对我说过，有时候这个世界很小，即使你们相隔万里，也会分毫不差地刚好出现在你们即将相遇的地点；有时候这个世界很大，大到你一旦从通讯录里将这个人删除，不出意外的话，你这辈子就再也联系不到他了。

她和男朋友相恋六年，离开的时候连一句"分手"都没说。她说她在这六年里一直等着男朋友为了他们的感情做出改变，她觉得自己会是他的例外，但他却一次次地让她失望。从开始到结尾，她眼睁睁地看着自己的爱情一点点被耗尽，终于还是疲惫不堪地静静离开了。

决心离开的人，关门声最轻。

并不是每一句"对不起"都能得到一个"没关系"回应。每一次伤害都是对感情的透支，透支超出了信用的额度，两个人就失去了共同走下去的意义。那些已经造成的伤害，并不是你选择无视它，它就会悄然消失。爱情撑到最后，靠的就是那一点点的于心不忍：

我不忍心对你说过分的话，我不忍心看你难过的表情，我不忍心伤害你的自尊，我不忍心你在没有我的世界里，一个人孤独地生活。

然而，这其实只是大部分女人的一厢情愿，男人和女人原本就是不一样的，如果我们能早一点明白这个道理，就会减少很多不必要的争执。男人总是抱怨女人有太多感性的烦恼，女人也总是责怪男人无法对她的痛苦感同身受。世上的悲喜向来都不相通，如果我们尚且不能用语言准确地表达自己，就更不用指望一个不够专心的人能轻易做到心领神会了。

美国沟通专家莉尔·朗兹在《如何让你爱的人爱上你》这本书里写道："尽管已经有大量数据表明，男女在遗传、大脑和性别方面具有显著区别，但还是有不少男性和女性都想当然地认为，男女拥有相同的思维方式，于是坚持以自己的方式去追求对方。也许今年的科研成果会帮助众多痴男怨女对对方的生活方式进行更为深刻的洞察，但除非你做一个前额叶切除手术，不然你根本无法让脑神经功能发生永久性改变。女性仍然会继续'令人气愤',男性也会继续'麻木不仁',双方都会继续以令对方厌烦的方式进行沟通……"

不少男人都是慕强的,他们总是追逐一个内心强大,却愿意为了他们而故意留下破绽的女人,这可以让他们不必因为安抚女人而浪费时间。他们需要女人够聪明,给他们进攻的机会;也需要女人够温柔,看得懂自己的窘迫,却从不轻易戳破。

但如果你没有一个强大的灵魂,你的爱情之路可能就会充满坎坷,因为你不仅得不到男人的爱,也会在亲密关系的博弈中彻底失去自己。

现实就是如此残忍。因为不爱,男人会毫无顾忌地捏着你的弱点,操纵摆布你的人生。他可以因为你在他面前不小心提到前男友而对你大发雷霆,可以因为你违逆了他的想法三天五天不理会你的留言,他可以为了把你娶回家对你只字不提可能会遗传的顽疾,他可以打着为你好的名义占尽一切可得的利益。

千万不要等你被重重地伤害后,再从废墟里重新捡回支离破碎的自己。并不是每一次全情投入都能换回对方的一片赤诚,如果一个男人决定伤你到底,即使你奋力反抗,最好的结果也不过是两败俱伤,所以一定要擦亮你的眼睛。你要知道,一个男人如果爱你,他一定不需要你一遍又一遍地去证明你对他的爱;一个男人如果爱你,他一定不忍心你丢掉所有的自尊只为换取他对你的一点点施舍。

你从前觉得爱情是凄婉悲壮,是荡气回肠,现在你只喜欢让你开心的东西,让你觉得舒服的人,你已经不需要从别人的身上寻找安全感了,你的快乐、你的悲伤,也不再需要公之于众,你已经是个不动声色的大人了。

人生总是充满一个又一个遗憾。第一次遇到爱的时候,你只有一腔热情;第二次遇到爱的时候,你学会了怎么去爱,却终究还是有缘无分。再后来你知道了一个人不可能完全拥有另一个人,你不再为了爱情辗转反侧,也删掉从前所有伤心的情歌,时间抚平了你曾经躁动的心。生活依旧充满挑战,日益成熟的你,是否依旧在期待一段美好的爱情?